»Ich bin bloß der Pfarrer«

Erlebnisse in der Gießener Klinikseelsorge

Peter Robert

»Ich bin bloß der Pfarrer«

Erlebnisse in der Gießener Klinikseelsorge

Gesamtherstellung:
Mittelhessische Druck- und Verlagsgesellschaft mbH,
Gießen-Druck, Gießen
ISBN: 978-3-924145-45-3

Liebe Leserinnen und Leser,

mein Name ist Peter Robert. Geboren bin ich am 23. 7. 1934 in Frankfurt am Main und am 27. 7. 1958 wurde ich in Mainz zum Priester geweiht.
Nach Kaplansjahren in Mainz, Steinheim und Nidda wurde ich 1966 Pfarrer in Butzbach und 1972 in Wölfersheim.
Vom 16. 4. 1985 bis zum 31. 12. 2000 durfte ich mit viel Freude als Klinikseelsorger in Gießen wirken. In der gesamten Chirurgie und in der Frauenklinik, in der Röntgenklinik, in der Medizinischen Poliklinik (Med. POLI) und später dann in der HNO. Anfangs drei Jahre lang dazu auch im Landeskrankenhaus des LWV (PKH). Aushilfsweise natürlich in der ganzen Uniklinik und in allen Gießener Krankenhäusern und in fast allen Pfarreien der Dekanates Gießen.
Die Situation im Krankenhaus erfordert auch in der Seelsorge, dass weitreichende Entscheidungen oft in Sekundenschnelle getroffen werden. Da kann man manchmal durchaus unterschiedlicher Meinung sein. Meine Gedanken waren stets bei Mk 10, 13–16, bei der Segnung der Kinder. Immer wieder habe ich mich gefragt: »Bin ich eine Brücke oder nur ein Hindernis auf dem Weg der Menschen zu Jesus Christus.« Im Grunde ist Seelsorge sehr einfach. Wer die Menschen liebt, wird fast immer Zugang zu ihren Herzen finden.

Jeden Tag werden im Krankenhaus Geschichten erlebt und erzählt. Ernste und heitere habe ich ausgewählt. Mein Versagen und die ganz traurigen Beispiele habe ich weggelassen. Es ging mir nicht darum, menschliche Leistungen herauszustellen, sondern zu zeigen, dass Gott auch heute noch wirkt, auch durch uns, wenn wir uns ihm zur Verfügung stellen. Schließlich verteilen sich die Erfolgsgeschichten auf 16 lange Jahre. Namen und Ereignisse habe ich so verfremdet, dass konkrete Personen dahinter nicht erkannt werden können. Evtl. Ähnlichkeiten sind also rein zufällig.
In knapp drei Wochen habe ich dieses Büchlein niedergeschrieben. Ein möglicher Überschuss soll der Arbeit des Gießener Caritasverbandes zu Gute kommen.

Gießen, 12. Dezember 2007

Peter Robert, Pfr

Inhaltsverzeichnis

Unfallchirurgie

Noch bin ich neu und unerfahren in der Seelsorge einer großen Uniklinik. Eine Vorbereitung oder gar Schulung für diesen Beruf gibt es 1985 noch nicht. Am 16. 4. habe ich um 8.00 Uhr meine letzte heilige Messe in Wölfersheim gefeiert. Dann folge ich dem Möbelwagen nach Gießen.

Gegen 14.00 Uhr mache ich schüchtern und aufgeregt meinen ersten Besuch in den drei mir anvertrauten Intensivstationen von Neuro-, Herz-, und Allgemeinchirurgie. Am nächsten Tag beginnt der volle Dienst. Mein Arbeitsbereich umfasst 1150 Betten. Und dazu die Sorge für das Personal. Von der Putzfrau bis zum Chefarzt.

Die raue Männerstation der Unfallchirurgie habe ich schon lieb gewonnen. Dort wird viel gefrotzelt. Gelegenheit zu deftigen Antworten, die manchmal an die Nieren gehen und das auch sollen. Gleich im ersten Zimmer fragt einer spöttisch: »Na, von welcher Versicherung kommen denn Sie?« – »Ich komme von der Versicherung ›Himmel und Ewig‹. Wir verlangen hohe Beiträge und zahlen so gut wie nie etwas zurück. Dafür geben wir

Optionen aus für die Ewigkeit. Sie haben ja alle sechs in letzter Zeit Testflüge in dieser Richtung unternommen. Hoffentlich waren ihre Policen alle in Ordnung?«

Da wird es ruhig im Zimmer. Gelegenheit zu einem kurzen Gebet, vor allem Dankgebet, und für den Segen. Alle sechs folgen sehr aufmerksam und auch anscheinend recht bewegt. Das gilt vor allem für einen gerade Angekommenen. Der lächelt dabei ganz stillvergnügt vor sich hin. Ich begrüße ihn und stelle mich vor. Dann: *»So wie Sie da liegen, haben Sie doch eine recht schwere Wirbelverletzung. Trotzdem lächeln Sie so fröhlich?« – »Ja, dazu habe ich auch allen Grund. Obwohl mir gerade bei der Visite gesagt wurde, dass ich sieben bis acht Wochen so liegen müsse. Wissen Sie, ich habe gestern Abend mit ein paar Freunden im siebten Stock eines Hochhauses ein bisschen gefeiert. Da haben wir gewettet, wer am längsten auf dem Balkongeländer balancieren könnte. Ich habe gewonnen. – Rund um das Hochhaus liegen Waschbetonplatten. Nur zwei Quadratmeter sind frei. Da wurde gestern ein großer Busch gepflanzt und ein Ballen Torf ausgestreut. Da bin ich reingefallen. – Ich habe mir ja nie aus dem frommen Kram was gemacht. Aber jetzt denke ich, es gibt vielleicht doch Schutzengel. Was meinen Sie? Warum bin ich davon gekommen?« – »Nun«* lache ich, *»da gibt es vor allem zwei Möglichkeiten. Entweder waren sie zu gut für den Himmel, oder noch nicht gut genug.«* – Er selbst hält die zweite Möglichkeit für viel wahrscheinlicher.

Unser Opa

Es piepst bei mir. Bitte, gleich in das Zimmer 6, Unfall – Männer kommen. Dort liegt ein lieber alter Herr, der heute, pünktlich an seinem 87. Geburtstag in seinem Pflegeheim aus dem Bett gefallen ist. Zum Glück ist er nicht ernstlich verletzt, aber die Schmerzen waren sehr groß. Dank Schmerzmittel sind die längst abgeklungen. Doch er spricht nicht. Mit niemanden. Auch nicht mit mir, der letzten Hoffnung. – Trotzdem bleibe ich da. Sitze still, bete ein wenig laut und viel leise, streichle seine Hand. Da fällt mein Blick auf seine Akte. Er trägt so einen schönen schlesisch-katholischen Namen. – Vielleicht ist das ein Ansatz. Zustimmung oder Ablehnung gibt er nämlich ab und zu wortlos zu erkennen.

Zum Beispiel wenn er gewaschen werden soll. – Ich frage ihn, ob er die heilige Kommunion empfangen will. Er lehnt nicht ab, scheint mir aber auch keineswegs begeistert. So verabschiede ich mich von ihm und seinen Mitpatienten nach einem abschließenden Segensgebet.

Am nächsten Morgen gehe ich früh zur gleichen Station. Schon an der Treppe erwartet mich aufgeregt eine meiner hübschesten Schwestern aus der Krankenpflegeschule. Dort durfte ich nämlich im Laufe der Jahre in zusammen 30 Kursen Berufsethikunterricht erteilen. Das schuf eine wertvolle Vertrauensbasis, verursachte aber auch manche Zusatzarbeit. Denn ich wurde oft von den früheren Pflegeschüler/innen zu Notfällen gerufen, weit über meinen eigentlichen Arbeitsbereich hinaus. Aufgeregt berichtet die junge Dame: *»Stellen Sie sich vor, was mir eben passiert ist. Ich beuge mich über den schweigsamen alten Herren, um ihm guten Morgen zu sagen. Da hat er meinen Kopf zu sich herunter gezogen und mir einen Kuss gegeben. Was soll ich nur machen?« – »Wenn Sie keine Angst haben, dass im Bericht über ihren Einsatz nachher steht: ›Zu Impulsiv, wahrt nicht genug Abstand zu den Patienten‹. Dann machen Sie dem armen alten Mann doch diese Freude. Der Bursche macht mich ja ganz schön neidisch.« Ich schmunzle, und sie wird ein bisschen rot.*

Und dann vollzieht sich ganz rasch eines dieser kleinen Wunder der Liebe, die in dem Riesenbetrieb der Uniklinik viel öfter vorkommen, als man vermutet.

Eine Mitschülerin arbeitet in der Gegenschicht. Beide sprechen sich ab. Und so be-

kommt unser Glückspilz bei jedem Kommen und Gehen ein Küsschen der beiden.
Als ich nach zwei Tagen wiederkomme, sitzt »unser Opa« wie er nun allgemein genannt wird, strahlend in seinem Bett und schmaucht vergnügt sein Pfeifchen.
Man hatte fünf Mopedfahrer zu ihm gelegt. Die wetteifern darum, ihm jeden Wunsch von den Augen abzulesen, ihn mit den von fürsorglichen Müttern gebrachten Süßigkeiten zu füttern und die Entstehung eines Zimmerbrandes zu verhindern. Er redet wie ein Buch und erzählt sein ganzes Leben. Auch der katholische Name klärt sich auf. Nach dem siebenjährigen Krieg war einer seiner Vorfahren als Beamter von Schlesien nach Berlin versetzt worden und hatte dort evangelisch geheiratet.
Frau, Geschwister und Kinder waren früh gestorben. Seit vielen Jahren lebt er in einem Pflegeheim. Zusammen mit drei dementen Mitpatienten in einem Zimmer. Da hat er das Sprechen verlernt.
Nach seiner Entlassung fragen mich die beiden Schülerinnen: *»Was wird aus ihm werden?«* Und ich antworte: *»Das weiß Gott allein. Auf jeden Fall wird der ganze Rest seines Lebens überstrahlt werden vom Glanz der Liebe, die Sie beide ihm geschenkt haben.«*

Ein schwerer Weg zur Heiligkeit

Das Telefon klingelt. Ein Anruf aus einer meiner drei Kaplanspfarreien weckt Erinnerungen an gesegnete und fröhliche Zeiten. Ein prominentes, wenn auch keineswegs frommes Mitglied der Gemeinde ist in eine meiner Stationen eingewiesen worden.

Ich besuche ihn noch am gleichen Tag. Seinen Mitpatienten, einen Mann von Anfang 50 kenne ich schon. Der hat mir gleich erklärt, dass er mit der Kirche seit seiner evangelischen Trauung und mit Gott seit dieser sehr schweren Erkrankung im Streit liege. Seine zukünftige Schwiegertochter ist hochschwanger. Aber das junge Paar will mit der Hochzeit warten, bis der Vater wieder gesund ist. Eine fromme Lüge, wie alle Seiten wissen.

Ich fahre zu seiner Familie und gewinne die Brautleute für eine rasche Hochzeit. Vielleicht kann der Vater teilnehmen. Wenigstens beim Gottesdienst. Dazu ist er leider schon zu schwach. Aber die beiden jungen Leute fahren von der Kirche aus gleich zu ihm. Die Braut setzt sich auf sein Bett und schmiegt sich zärtlich in seine Arme. Er spürt die Bewegungen seines Enkelkindes im Leib der jungen Mutter.

Wenige Tage später lässt er mich rufen und bereitet sich durch ein Beichtgespräch, durch Salbung und Kommunion auf den ganz nahen Heimgang vor. Er wirkt heiter und gelöst. Zwar wird er sein Enkelkind in diesem Leben nicht sehen. Aber er ist sich gewiss, dass es eine gemeinsame glückliche Ewigkeit geben wird.

Ich will für drei Wochen in Urlaub fahren. Beim Abschied sind wir beide überzeugt, dass er vor meiner Rückkehr sterben wird. Entsprechend herzlich und schwer wird der Abschied. Und dann folgt ein Paukenschlag. Bevor ich weggehen kann, fasst er noch einmal nach meiner Hand und zieht mich zu sich heran. Er flüstert: *»Das Sterben fällt mir nicht leicht. Aber ich gehe den Weg gern, ich weiß ja, wohin er führt. Nach langem Widerstreben nehme ich den Tod willig an und opfere ihn auf für meinen damaligen Mitpatienten. Noch glaubt er, er sei gesund. Aber auch er muss sterben. Spätestens in drei Monaten. Und er ist so gar nicht darauf vorbereitet. Für mein Annehmen soll ihm Gott die Gnade der Bekehrung schenken, so wie er sie mir gewährt hat durch Sie.«*

Das ist so eine der Gelegenheiten im Krankenhaus, wo ich so klein werde, dass ich aufrecht unter der geschlossenen Tür durch hinausgehen könnte.

Wie oft sind meine Gedanken im Urlaub bei dem Sterbenden. Sicher ist er schon erlöst. – Im Gegenteil. Als ich heimkomme werde ich dringend zu ihm in die Klinik gerufen. Ich stürze los. Aber als in sein Zimmer komme, liegt er stumm und bewusstlos da. Die Schwester sagt: *»Er hat auf Sie gewartet, aber seit zehn Minuten ist er ohne Bewusstsein und wird auch nicht mehr wach werden.«*

Ich beuge mich über ihn und nenne ihn liebevoll bei seinem Namen. Da öffnet er plötzlich die Augen. Ein Strahlen gleitet über das abgezehrte Gesicht und er flüstert selig lächelnd: *»Danke, danke.« Damit haucht er seinen letzten Atem aus.*

Sieben Wochen später stirbt sein früherer und noch jüngerer Mitpatient. Nach langem Ringen, ruhig und mit Gott versöhnt.

FLUCHEN VERBOTEN

Vor zwanzig Jahren »denken« die Aufzüge im Altbau der Chirurgie nicht mit. Sie fahren stur wohin sie gerufen werden und unterwegs können sie höchstens durch einen Stromausfall gestoppt werden. Während sie fahren, brennt an den Haltestationen ein Lichtchen. Es signalisiert: du kannst nichts anderes tun als warten und dich auf ein sehr rasches Eingreifen vorbereiten. Wenn der Aufzug ankommt, erlischt das Lämpchen. Er fährt dann sofort dorthin, wo der Ruf zuerst bedient wird. Gegebenenfalls vom Keller zum Dachgeschoss oder umgekehrt.

Ich stehe hinter einem sehr ungeduldigen Patienten im Erdgeschoss und harre gleichmütig der kommenden Ereignisse. Anders mein Nachbar. Der drückt wild und unausgesetzt auf dem Rufknopf. Den höflichen Versuch einer Belehrung weist er brüsk ab. Stattdessen fängt er an, gotteslästerlich zu fluchen. Denn inzwischen fährt gerade der Aufzug zum dritten Mal ohne Anzuhalten an unserer Station vorbei. Das weckt meine pädagogische Ader, und ich denke: »Wart Bürschchen, dich werde ich lehren, so unverschämt zu fluchen.«

Ganz zart tippe ich auf seine Schulter und sage mit todernstem Gesicht: *»Lieber Mann, das ist hier ein frommes Haus. Wenn Sie fluchen, kommt der Aufzug überhaupt nicht. Da müssen Sie schon etwas Frommes sagen.«*

In diesem Augenblick erlischt das Signallämpchen. Das merkt er natürlich nicht. Ich drücke blitzschnell den Rufknopf und sage ganz langsam und feierlich: *»Gelobt sei Jesus Christus.«* In Sekundenschnelle kommt der Lift, hält an und seine Tür geht auf.

Entsetzt schaut der Mann über seine Schulter nach mir zurück, macht eine wilden Satz in die Kabine, knallt mir die Tür vor der Nase zu und fährt ab.

– Ob er wohl genauso vergnügt wie ich an diese Szene zurückdenkt? –

MODERNE KRITIK UND OMAS GLAUBE

Manche Menschen lieben es, auf den Glauben und die Kirche, ganz besonders auf die katholische Kirche, kräftig zu schimpfen. Nun, an der gefällt mir auch so manches nicht. Und so fällt es mir gar nicht schwer, in das Geschimpfe des Patienten munter mit einzustimmen. Da ist er schon mal ein bisschen verdutzt. Er ist also gar nichts Besonderes oder gar Überlegenes. Und davon war er doch eben noch fest überzeugt. So gern hätte er diesem lausigen Pfarrer eins ausgewischt. Aber das ging voll daneben.

Dann steigere ich allmählich ganz bewusst meine Kritik ins Übertriebene, gar ins Maßlose. Und auf einmal fängt der Kirchenfeind an, diese eben noch so sehr beschimpfte Gemeinschaft gegen mich in Schutz zu nehmen. Dar-

auf habe ich gewartet. Und nun beginnen wir gemeinsam, an Glaube und Kirche so viel Schönes, Wertvolles und Liebenswertes zu entdecken, dass mein Patient am Ende ganz begeistert ist, Mitglied in dieser kostbaren Kirche sein zu dürfen. Mehr kann man schließlich nicht von ihm verlangen.
Viel unsympathischer finde ich dann Angehörige, die mir nach dem Besuch der kranken Oma auf dem Flur mit hämischem Grinsen sagen: »Unsere Oma hat jeden Tag gebetet und ist jeden Sonntag in die Kirche gerannt. Jetzt liegt sie so elend da. Was hat ihr denn das ganze fromme Getue gebracht?« Da schwingt sehr deutlich der Gedanke mit: »Wie gut dass wir damit gar nicht erst angefangen haben.« Diese Meinung versalze ich ihnen jetzt sehr gründlich. *»Ihre Oma hat in ihrem Leben durch den Glauben eine unendliche Fülle von Freude erfahren. Sie hat viel Kraft empfangen an bitteren Tagen und stets neuen Mut. Und schließlich meistert sie jetzt diese schwere Krankheit vorbildlich durch die feste Hoffnung, dass auch dieses Leid seinen Sinn hat, und dass sie durch diese Schmerzen hindurch hingelangt zur ewigen Herrlichkeit.«*
»Sie sind noch sehr jung. Was noch auf Sie zukommt, weiß Gott allein. Aber absolut sicher ist, dass auch für Sie, wie für jeden Menschen, harte und trübe Stunden kommen werden. Woher werden Sie dann die Kraft schöpfen, diese auch so toll durchzustehen, wie ihre Oma. Und dann:

stellen Sie sich einmal vor, ihre Oma hat recht. Und davon bin auch ich felsenfest überzeugt. Dann werden Sie einst drüben ganz dumm dastehen.«
Und das tun diese Leute auch schon hier und jetzt.

EIN KATHOLISCHER DARM UND REIZVOLLE FRAUEN

Auch ein Pfarrer muss mal unters Messer. Dabei empfindet er nicht anders als alle normalen Menschen. Nur habe ich da noch eine besondere Sorge. Mein Darm erwacht stets spät und mühsam aus der Narkose. Immer eine lange Quälerei. So ist es auch diesmal. Die Schwestern sagen mir, bei dieser Operation dauert es in seltenen Fällen fast eine ganze Woche lang. Bei mir werden es mehr als zwei.
Und wenn ich gefragt werde, warum das wohl so ist, antworte ich: *»Es ist halt ein katholischer Darm. Bei den Katholiken dauert es immer ein bisschen länger, bis sie in Bewegung kommen. Wenn ich mal wieder auf die Welt komme, lasse ich mir vom lieben Gott einen*

evangelischen Darm geben. Der wird zwar sicher auch seien Mucken haben, aber er bewegt sich bestimmt ein bisschen rascher.«

Als ich mir von der Nachtschwester eine bestimmte Schlaftablette erbitte, sagt sie mahnend: *»Herr Pfarrer, seien sie vorsichtig. Bei männlichen Patienten kommt es bei der Einnahme dieser Tablette vor, dass reizvolle Frauen durchs Fenster einsteigen.«* Erwartungsfroh schlucke ich das verheißungsvolle Präparat. Und: es geschieht nichts, absolut nichts. Ich schlafe ruhig und völlig traumlos drei kostbare Stunden lang.

UNGEWÖHNLICHER GOTTESDIENST

In den Kliniken lebt die Ökumene. Wir begegnen uns auf Augenhöhe. Mangelhafte Kirchen kennen wir nicht. Wir ergänzen uns, unterstützen uns und sind stets bereit, voneinander zu lernen.

In dieser lebensfördernden Atmosphäre erblühen manchmal sehr eigenwillige Blumen. So kann es durchaus nach einer meiner Messfeiern geschehen, dass einer der Mitfeiernden sagt: *»Es war schön und vor allem hilfreich. Ich* *bin ja mit gewissen Bedenken hergekommen, denn ich bin evangelisch.«* Schmunzelnd erwidere ich: *»Sie waren keineswegs der einzige Protestant in diesem Gottesdienst. Ganz im Gegenteil. Ich war heute hier der einzige Katholik.«*

Mittwochs besuche ich die Frauenklinik und am Abend halte ich in einem kleinen Hörsaal abwechselnd mit dem evangelischen Mitbruder Gottesdienst für die schwerstkranken Patientinnen. Heute bin ich an der Reihe. Schon auf dem Flur treffe ich eine reisefertige und strahlende Patientin. Sie hat Operation und Nachbehandlung gut überstanden und darf heute nach Hause. Entsprechend hoch schlagen die Wellen ihrer Freude. Sie ist Methodistin und hat vor 14 Tagen die heilige Messe mitgefeiert. *»Wenn ich erst morgen entlassen würde, wäre ich gern heute Abend wieder gekommen. Aber noch lieber fahre ich natürlich heim.«* Das kann ich ihr gut nachfühlen.

»Gestern hatte ich Besuch von unserem Prediger, er ist ein sehr gläubiger Mann. Ich habe ihm erzählt, dass hier ein netter katholischer Pfarrer wirkt. Aber es waren so wenig Leute in seinem Gottesdienst.« Da bin ich ganz anderer Meinung. Zwölf Patientinnen waren ungewöhnlich viele. Sonst kommen gewöhnlich 8–10 *»Er hat mir versprochen zu beten, dass Ihr Gottesdienst heute besser besucht wird.« Höflich bedanke ich mich. Aber ich denke: »Mal sehen was da heraus kommt.«*

Ich muss noch meinen täglichen Besuch in meinen Intensivstationen machen.
Dort treffe ich eine ältere Dame, die sich über alle Erwartung rasch von einer schweren Operation erholt hat.
»Da hat man allen Grund, Gott zu danken.« sagt sie. Und so sprechen wir mitten in der Hektik der Intensivstation ein inniges Gebet. Und ich füge hinzu: »Wenn es weiter so aufwärts geht, dann können Sie am Sonntag als Dank zu meinem Gottesdienst kommen.« Errötend haucht sie: »Aber Herr Pfarrer, ich bin doch evangelisch.« Und ich entgegnete lachend: »Da oben wollen wir es doch eine ganze Ewigkeit lang miteinander aushalten. Das sollten wir doch wenigstens ab und zu mal trainieren.«
Jetzt wird es Zeit für den Gottesdienst in der Frauenklinik. Die erste Besucherin ist eine ältere, reizende evangelische Dame. Sie war schon vor 14 Tagen da. Ich frage sie, ob sie auch vor acht Tagen den evangelischen Gottesdienst besucht habe. Sie strahlt: *»Das war furchtbar aufregend. Als ich kam, war der kleine Hörsaal schon ganz gefüllt mit lauter jungen Leuten. Ich freute mich, dass so viel Jugend den Gottesdienst mitfeiern wollte. Dann kam ein würdiger Herr und begann zu reden. Aber er sprach so anders als sonst im Gottesdienst üblich. Leise fragte ich meinen jungen Nachbarn: ›Der Herr spricht ja sehr gut, aber ganz anders als sonst bei Gottesdiensten.‹ Und lächelnd sagte*

er: ›Das ist ja auch eine Vorlesung über Schwierigkeiten bei der Geburt.‹ Da bin ich ganz leise weggegangen.«

Diese Vorlesung war der Grund für den Ausfall des evangelischen Gottesdienstes.

Und dann beginnt die große Überraschung. Unaufhörlich klappert die Tür. Von überall her müssen Stühle besorgt werden. 28 Patientinnen kommen. So viele wie nie vorher und nie nachher. Und ich überlege ernsthaft, ob es nicht besser sei, in die methodistische Kirche überzutreten.

AUCH HEUTE GESCHEHEN WUNDER

Die Hautklinik gehört nicht zu meinem Arbeitsbereich. Aber heute muss ich dennoch hin. Im Stationszimmer begrüße ich die Schwestern. *»Ich komme für meinen erkrankten Mitbruder als Vertreter.«* – Da stürzt aus dem Hintergrund eine Schwester herbei und pack mich am Arm. *»Endlich sind Sie da. Auf Sie habe ich schon wochenlang gewartet. Kommen Sie mit.«* Eifrig zerrt sie mich zur Spielecke der Kinderstation. *»Hier sehen Sie selbst. Wir brauchen unbedingt ein neues Schaukelpferd. Das müssen Sie uns besorgen.«*

Da dämmert mir, dass sie nur das Wort Vertreter gehört hatte, und mich für einen spendablen Boten der Pharmaindustrie hält. Sanft und deutlich erläutere ich ihr, dass ich auch eine Art Vertreter für heilende und helfende Mittel bin. Dass aber das Verteilen von Schaukelpferden nicht zu meinen beruflichen Möglichkeiten zählt.

Sie wird ein bisschen rot und entschuldigt sich. Später wechselt sie in meinen Bereich. Wir werden gute Freunde, und sie erwählt mich zu ihrer besonderen Vertrauensperson. Nach diesem turbulenten Auftakt gehe ich zu den Patienten. Schon im zweiten Zimmer treffe ich eine ältere Frau, die offensichtlich eine sehr schwere Gesichtsoperation ganz ungewöhnlich gut überstanden hat. Das offene Operationsfeld ist so riesig, wie ich es noch nie im Gesicht eines Menschen gesehen habe. Aber die große Wunde ist fast vollständig verheilt. Das entfernte Fleisch hat sich neu gebildet. Es wird von zartrosa Haut überspannt und ist gut durchblutet. Schorf oder gar Blut ist nicht mehr zu sehen. Ich gratuliere ihr zu diesem überaus erfreulichen und glatten Genesungsverlauf.

Heute ist Freitag, und ich frage sie, wann sie denn operiert worden ist. Sie sagt: *»Am Mittwoch.«* *»Nein«*, sage ich verblüfft. *»Sie müssen sich irren. In gut einer Woche kann eine solche Wunde nicht so vollständig verheilen. Das ist völlig unmöglich.«* Sie kontert aufgeregt.

»Nein, die Operation war nicht in der vorigen Woche, sie war vorgestern.«

Da kann ich nur noch schweigen und staunen. Die Patientin sieht meine Erschütterung und sagt: *»Genau wie Ihnen ist es eben dem jungen Arzt ergangen. Er kam und sagte aufmunternd: ›Jetzt wollen wir mal den Verband abnehmen und schauen, ob der Heilungsprozess schon begonnen hat.‹ Und dann geriet er ins Stottern. Denn er sah die Heilung war schon vollständig vollzogen.«* – Ich sagte: *»Das ist ein Wunder. Wer hat da für Sie gebetet?«* Lächelnd und stolz meint sie: *»In meiner Gemeinde gehöre ich zu einem Gebetskreis. Und der hat während der vier Stunden, die ich auf dem OP-Tisch lag, ohne Unterlass für mich gebetet.«* – Wie will ein Mensch, der nicht an Gott glaubt, einen solchen Vorgang verstehen oder gar erklären.

Kesse Sprüche

Für Menschen wie mich, die nicht mit einer Fülle von Phantasie und nicht mit vielfältigen Ideen ausgestattet sind, ist die Klinikseelsorge eine geradezu ideale Beschäftigung. Da das Publikum ständig wechselt, kann man seine seltenen Geistesfunken immer wieder verwenden. Nur einmal in 16 Jahren hat auf meine Worte hin ein Patient geäußert: *»Oh, das kenne ich. Das haben Sie mir vor sieben Jahren, als ich am Leistenbruch operiert wurde, auch schon einmal gesagt.«* Immerhin hatte er meine Worte nicht vergessen.

Von den 15 bis 20.000 Patienten die ich – damals vor der Einrichtung der vielen Doppel- und Einzelzimmer – jährlich besucht und angesprochen habe, haben nie weniger als drei und nie mehr als fünf pro Jahr jegliches Gespräch abgelehnt. Und wenn die lange bleiben, klappt das dann später meistens doch noch und oft auch noch intensiver. Meine Antwort auf die Ablehnung ist immer ähnlich. Ich sage dann: *»Da bin ich Ihnen aber sehr dankbar. Da kann ich mir heute tatsächlich den spannenden Krimi ansehen. Das hatte ich gar nicht mehr für möglich gehalten.«* Es kann auch einmal ein Europapokalspiel sein.

Immer sage ich zu Beginn: *»Mein Name ist Robert, ich bin bloß der katholische Pfarrer hier.«* Das bringt meist eine Reaktion. Und damit ist der erste wichtige Schritt zu einem Gespräch getan. – Einmal sagt ein freundlicher Herr: *»Und ich bin bloß der Patient.«* Ich entgegne: »So können Sie das auf keinen Fall sagen. Denn ohne Pfarrer läuft der Betrieb hier reibungslos weiter. Ohne Patienten müssen sie den Laden dicht machen.«

Oft werde ich gefragt: *»Warum sind Sie denn Pfarrer geworden?«* Stets antworte ich: *»Das* *liegt an meinem Wesen. Wenn ich ein fleißiger und ordentlicher Mensch wäre wie Sie, dann hätte auch ich einen anständigen Beruf ergreifen können. Zum Beispiel Krankenpfleger. Da ich aber so schrecklich faul bin, musste ich halt Pfarrer werden.«*

Auf einmal gibt es große Aufregung. Besonders in den damals noch üblichen Männerstationen. Es war wohl die Bildzeitung, die berichtet hatte, die katholische Kirche würde für drei Kinder pro Pfarrer die Alimente übernehmen. Erst vom vierten an, sei er selbst verantwortlich. *»Was sagen Sie dazu?«* werde ich immer wieder gefragt. Und stets antworte ich: *»Das halte ich für eine große Schweinerei. Während sechs Jahren Studium lernt man viele Dinge, die man niemals braucht. Und das, was wirklich wichtig ist, erfährt man erst aus der Bildzeitung, und wenn es zu spät ist.«*

»Was halten Sie von der 35-Stunden-Woche?« – »Gar nichts! Das wäre eine schöne Pleite, wenn die von der Kirche eingeführt würde. Soviel habe ich ja noch nie im Leben gearbeitet.«

Natürlich liegt damals mein wöchentliches Pensum immer so zwischen 60 und 70 Stunden. Manchmal auch mehr. Aber mit meinen bis ins Groteske gehenden Übertreibungen nehme ich, wie ich denke, auf elegante Weise vielen Angreifern den Wind aus den Segeln.

Manche Patienten wissen nichts von den Vollmachten eines Seelsorgers bei Todesgefahr.

Sie fragen: »Dürfen Sie denn das, Herr Pfarrer?« Und ich antworte: »Glauben Sie wirklich, ich wollte wegen Ihnen in die Hölle kommen?«

Auch der freundlichste Patient hat mal einen Knottertag. Das billigt ihm jeder zu, der Erfahrung im Krankenhaus hat. Aber es gibt auch ab und zu Biester, die sind von Grund auf böse und nutzen jede Gelegenheit, andere zu kränken und zu demütigen. Wenn die Schwestern über diese Leute klagen, sage ich immer: *»Machen Sie sich nichts draus. Die kann selbst der liebe Gott nicht ändern. Die beschweren sich über eine Mücke an der Wand. Und wenn keine da ist, klagen sie, dass es in dieser blöden Bude nicht mal Mücken gibt. Denken Sie daran: Es dauert nicht lange, dann werden wir sie wieder los. Danken Sie Gott, dass sie nicht seine/ihre arme Ehepartner/in sind. Die müssen das üble Wesen dieses Menschen vielleicht ein Leben lang ertragen.«*

Es sagt ein Atheist: »Das einzige, was ich an der katholischen Kirche bewundere, ist die Beichte. Es ist ganz großartig, dass es eine Möglichkeit gibt, wo man sich mit seiner Erbärmlichkeit ehrlich offenbaren darf, und wo man ein gutes Wort und im Fall der Bekehrung sogar eine Lossprechung bekommt. Und dann ist alles vergessen, und es gibt nie mehr ein Wort darüber. Einfach wunderbar.«

Wie schade, dass die meisten Katholiken dieses Wunder gar nicht schätzen.

Die Umstände in der alten Chirurgie waren oft katastrophal. Durch Neubau und Umbauten wurde vieles verbessert. Ich erinnere mich: 1989 wacht ein junger Bayer in der Intensivstation der Neurochirurgie auf, schaut sich um und sagt; *»Dös soll a Krankenhaus soin. Hier schauts ja aus wie dahoam in meiner Kuchn.«* Kein gutes Zeugnis für sein Zuhause.
Ein gutes Verhältnis zu den Chefärzten gibt die Möglichkeit, sie auch mal zu necken. So sage ich zu einem von ihnen: *»Herr Professor, jetzt muss ich mich aber ernstlich über ihren Oberarzt beschweren.« »So, warum?«* fragt er etwas irritiert. – *»Hat er doch zwei meiner besten Kirchgänger am Samstag entlassen. Das hätte doch auch noch bis Montag Zeit gehabt.«*
Eine Patientin sagt: *»Ich kenne Sie. Sie sind doch der Schornsteinfeger von Buseck.« »Ich gebe zu, dass ich zwar auch einen schwarzen Beruf ausübe; ich mich aber mehr mit der Reinigung von Seelen als von Kaminen beschäftige.«*

NOCH MEHR SPRÜCHE

In der Schule haben mir einst die Kinder oft bewundernd gesagt: »Herr Pfarrer, Sie können Sprüche machen!« Und ich habe stets geantwortet: »Das muss so sein. Ein Pfarrer, der keine Sprüche machen kann, ist wie ein Wirt, der kein Bier zapfen kann. Beide haben ihren Beruf verfehlt.«
Aber auch Patienten, Ärzte und Pfleger bringen oft richtige Köstlichkeiten hervor.
»10 %, das ist doch eine schöne Zahl. Warum sollte ich da nicht dabei sein!« lacht ein echter oberhessischer Spaßvogel, als man ihm von einer Behandlung abrät, die nur zehn Prozent Heilungschancen bietet. Es geht um Leben und Tod. Und er ist tatsächlich bei den zehn Prozent Überlebenden.
»Bleiben Sie doch noch ein bisschen bei uns!« sagt der junge Pfleger zu dem Patienten, der sich mir gegenüber weinerlich nach seiner Entlassung sehnt. *»Zu Hause geht es Ihnen bestimmt nicht so gut wie hier«* und mit einem raschen Blick zu mir: *»Ich habe nämlich gestern seine Frau kennen gelernt!«*
Der gleiche Frechdachs begrüßt mich am nächsten Morgen und fragt schmunzelnd:

»Na, wie geht es Ihrem Chef?« –»Ich denke gut. Nur, wenn er so manchmal da herunterschaut und sieht, was er alles geschaffen hat, ob er dann immer so ganz mit sich zufrieden ist, weiß ich natürlich nicht.«

»Eigentlich könnte ich ja in Ruhe sterben.« sagt ein älterer Patient. *»Aber ich habe meine Frau im Leben soviel geärgert. Es wäre doch schön, wenn ich das noch eine Weile wenigstens ein bisschen wieder gut machen könnte.«*

»Vor dem Sterben habe ich keine Angst.« sagt ein noch recht junger Mann. *»Ich bin schon 22-mal reanimiert worden. Und was da drüben auf einen zukommt, ist wunderschön. Bloß, wenn man sehr starke Schmerzmittel nimmt, merkt man nichts. Also, Herr Pfarrer, wenn es bei Ihnen einmal soweit ist, lassen Sie sich ja keine Betäubungsmittel geben, sonst macht Ihnen das ganze Sterben keinen Spaß.«*

»Anfangs hat meine liebe koreanische Frau sich völlig selbstlos nur um mein Wohlbefinden gesorgt,« sagt der ältere amerikanische Soldat. *»Mühsam habe ich in ihr das Bewusstsein für ihre eigenen Ansprüche geweckt. Und jetzt denke ich oft: hätte ich das doch bloß gelassen.«*

»Sie müssen lernen mitzufühlen ohne mitzuleiden,« sagt mir mein kluger atheistischer Gesprächspartner. *»Wenn Sie nicht mitfühlen können, sind Sie hier fehl am Platz. Wenn Sie mit jedem mitleiden, werden Sie nicht lange hier sein.«*

Es sagte ein Arzt zu seinem ständig murrenden Patienten: *»Natürlich ist es ärgerlich, dass Sie immer sehr solide gelebt haben, und nun doch ernstlich krank geworden sind. Aber das hätten Sie sich früher überlegen müssen.«*
Gott will von uns das freie Geschenk unserer Liebe als Antwort auf den Anruf seiner Gnade und nicht einen Kuhhandel nach dem Motto: Wenn ich immer brav bin, habe ich doch ein bequemes und leidensfreies Leben verdient.
Immer wieder höre ich: *»Hauptsache Gesundheit!«* – Gesundheit ist wichtig. Aber sie ist nicht die Hauptsache. Die Hauptsache ist die innere Haltung. Die Fähigkeit, das Leben so anzunehmen, wie es ist, und das Beste daraus zu machen. Da hilft vor allem der Glaube. Ich kenne viele Menschen, die krank und glüklich, und viele, die gesund und unglücklich sind.
Wenn ich mal im Gespräch mit den Ärzten diese ein bisschen ärgern und mich selbst gleichzeitig vor Überheblichkeit bewahren will, sage ich stets: *»Wenn zwei Tage keine Putzfrau kommt, fällt das auf. Wenn längere Zeit kein Arzt da ist, lösen die Schwestern und Pfleger die meisten Probleme ganz allein. Aber irgendwann braucht man ihn dann halt doch wieder. Wenn keine Schwester da ist, brennt es spätestens nach zehn Minuten. Und wenn vier Wochen kein Pfarrer kommt, merkt das überhaupt niemand.«*

Das ist freilich auch die ganz große Versuchung für alle, die zum Dienst in der Klinikseelsorge eingesetzt sind.

Sprüche ohne Ende

Nun komme ich endlich zu den wichtigsten Sprüchen im Krankenhaus.

»Seien sie zuversichtlich. Auch hier umgibt Sie Gottes Vaterliebe.«

»Jetzt ist Jesus Christus hier bei uns. Er hat es selbst gesagt: ›Wo zwei oder drei in meinem Namen zusammen sind, da bin ich mitten unter Ihnen‹. (Mt. 18, 20)«

»Ich werde für Sie beten, besonders während Ihrer schweren Operation!«

In sehr schweren Fällen: *»Ich habe mit Patienten, die schon ganz nahe bei Gott sind, über Sie gesprochen. Sie alle beten für Sie. Das sind die besten Fürsprecher, die es auf Erden gibt.«*

»Christus hat Sie durch seinen Tod erlöst von Ihren Sünden. Sie dürfen ihm vertrauen.«

In medizinisch aussichtlosen Fällen: »Es gibt noch einen Weg. Vertrauen Sie sich ganz Gott an. Nehmen Sie Ihr schweres Schicksal an aus seiner Hand. Es ist Ihr Weg. Sie müssen ihn ge-

hen. Ob Sie ja oder nein dazu sagen. Aber das Annehmen ist Ihre einzige Chance. Ich erzähle Ihnen jetzt Beispiele, wo Menschen, für die die Medizin keine Hoffnung mehr hatte, durch die Kraft der Annahme wieder gesund geworden sind. Aber dafür gibt es keine Garantie und kein Abonnement. Das entscheidet Gott allein.«

Hier passt der wohl schönste Spruch, den ich je im Krankenhaus gehört habe: *»Wenn mir jemand vor einer halben Stunde gesagt hätte, ich würde je im Leben noch einmal beichten und kommunizieren, den hätte ich für verrückt erklärt. Und nun ist nicht mal soviel Zeit herum, und ich habe beides getan. Und ich bin darüber so glücklich wie noch nie in meinem Leben.« (Mann von ca. 45 Jahren)*

Und dann gleich einer der härtesten Sprüche von einem gläubigen Mann: *»Eure Predigten sind nichts als ein Schwall frommer, nichtssagender Worte.« Das geht ganz schön unter die Haut.«*

»Alle die Kirchenläufer sind schlechte Menschen. Gute Menschen halten sich von der Kirche fern!« »Na ja, überall gibt es Gute und Böse. Ich mache Ihnen einen Vorschlag. Sagen wir doch: Nicht alle, die nicht in die Kirche gehen, sind Engel. Und nicht, alle die in die Kirche gehen, sind Teufel. Können Sie das akzeptieren?« – Er kann es und er ist ein bisschen nachdenklich geworden.

Außer, wenn ich das Gefühl habe, dass das Wort Gebet hier nur einen wütenden Hassausbruch auslösen würde, frage ich immer, ob ich für die Patienten kurz beten darf. Auch, wenn die Frage nicht immer gerade Begeisterung auslöst, bete ich doch. Aber dann sage ich danach: »Das ist eine der vielen Gemeinheiten der Kirche. Wir beten für alle Leute. Niemand kann sich dagegen wehren.«

Hier ein Beispiel für ein solches Gebet im Krankenzimmer: *»Herr, du kennst unseren größten Wunsch, bald wieder gesund nach Hause zu kommen. Gib uns für seine Erfüllung Mut und Kraft. Segne das Mühen aller, die uns helfen wollen. – Es segne Euch und Eure Lieben und alle hier im Krankenhaus der allmächtige und gütige Gott, der Vater und der Sohn und der heilige Geist. Amen.«*

Mehr als 100.000-mal habe ich so gefragt. Und ein einziges Mal antwortet eine junge Dame: »Ja, das stört mich, wenn hier gebetet wird.« – Wie aus der Pistole geschossen kommt meine Reaktion: »Och, das macht gar nichts. Dann schließen sie ein paar Sekunden die Augen und halten sich die Ohren zu. Und dann ist alles schon vorbei.« – Sie hört sehr aufmerksam, fast andächtig zu. Und in ihrem Abschiedslächeln meine ich sogar, etwas wie Anerkennung zu spüren.

Zweimal in all den Jahren gab es einen kleinen Zusammenstoß mit Schwestern. Sonst haben wir uns immer gegenseitig nach Kräften unterstützt. – Ich bin allein im Stationszimmer und schaue im Einklang mit dem hes-

sischen Krankenhausgesetz nach den Namen und Daten der Patienten. Da kommt eine sonst sehr liebe Schwester herein und sagt verblüfft: »Was Sie da machen, gefällt mir aber gar nicht.« – Und ich antworte: »Schwester, ich bin nicht hier, um Ihnen zu gefallen, sondern, um den Patienten zu helfen. Darum muss ich für das Seelsorgsgespräch wissen, ob ein Patient hier ist, um seinen Penis regulieren zu lassen, damit er Papa werden kann. Oder ob er einen Hodentumor hat und nur dann jemals Vater werden kann, wenn er jetzt Samen von sich einfrieren lässt.«
Im anderen Fall ist es gar eine Lernschwester im ersten Ausbildungsjahr, die mir vor dem Überwachungszimmer der Herzchirurgie im Bewusstsein ihrer Machtfülle zuruft: »Da können Sie nicht rein!« – Ich mache einen Schritt in den Raum und rufe zurück: »Sehen Sie Schwester, ich kann, ich bin sogar schon drin.«

Endlich die letzten Sprüche

Wenn ein Patient von seinen Sorgen spricht, kann ich meistens ganz ruhig sagen: *»Wir haben hier sehr gute Ärztinnen und Ärzte. Jeden Tag machen sie diesen Eingriff einige Male. Seit ich hier bin, ist noch nie jemand dabei gestorben. Und auch Sie werden diese Tradition nicht unterbrechen. Das verspreche ich Ihnen.« Und oft kann ich hinzufügen: »Und ich habe bei dieser Operation sogar schon zusehen dürfen.«*

Auch: *»Bei der größten Lungenoperation, die ich bis jetzt hier erlebet habe, wurden dem Patienten 3¼ seiner fünf Lungenlappen entfernt. Als er bald darauf mit OP-Hemd, Infusionsständer und Blockflöte zum Gottesdienst kommt, glaube ich zum ersten und einzigen Mal im Leben ein Gespenst zu sehen. – Bei Ihnen wird nur eine haselnussgroße Entzündungsstelle invasiv (durch Schlüssellochchirurgie) entfernt. Sie werden kaum etwas davon spüren.«*

Bei der großen Chefvisite. *»Oh, Herr Pfarrer, da wollen wir nicht stören. Wir gehen erst in ein anderes Zimmer.« »Nein, Herr Professor, bleiben sie bitte hier. Ich bete nur noch kurz und gebe den*

Segen. Und so ein bisschen Segen wird auch Ihnen bestimmt nicht schaden.«
Manchmal ist halt doch jemand mit meinem Vorgehen unzufrieden. Dann sage ich immer: *»Als unser Heiland auf unserer Erde herumwanderte, haben viele Leute an ihm Anstoß genommen. Und der konnte sogar Wunder wirken. Das kann ich nicht einmal.«*
Manchmal vielleicht. Das sagen aber die Schwestern, nicht ich. Zum Beispiel. als ich nachts so etwas um drei Uhr einer 80-jährigen Bewusstlosen die Krankensalbung spende und für sie bete. Der Blutdruck steht bei 70/30 mit sinkender Tendenz. Ein sicheres Zeichen fürs baldige Sterben. Und am Morgen wacht sie munter auf und verlangt als erstes ein kräftiges Frühstück, und obendrein sagt sie noch: *»Was wollte denn heute Nacht der Pfarrer bei mir. Den habe ich doch gar nicht gebraucht.«* Sie kam noch zehn Jahre lange regelmäßig zur Nachuntersuchung. Wir haben noch oft miteinander gelacht. Kein Wunder – nur eine Sauerländerin.
»Gehen Se mal in det Zimmer 12.« sagt die nette Schwester aus den neuen Bundesländern. *»Da haben Se wieder een Wunder jewirgt.«* Und tatsächlich, die junge Patientin, die gestern noch scheinbar aufs Sterben zuging, bereitet sich nun fröhlich auf ihre baldige Entlassung vor. Nur ein bisschen geduldiges Zuhören und eine Einladung zum gemeinsamen Gebet. Kein Wunder!

Die sehr, sehr vornehme alte Dame erzählt nach der gut verlaufenen Operation, vor der sie so viel Angst hatte: *»In der Klinik in der ich auf diesen Eingriff vorbereitet wurde, hat mich der Chefarzt verabschiedet. Und ich habe zu ihm gesagt: ›Herr Professor, Sie haben in Ihrer Klinik zwar viele Doktoren, aber nur sehr wenig Ärzte.‹«*

In der Krankenpflegeschule fragt mich ein kesser Schüler: »Na, Herr Pfarrer, wenn Sie mal drüben die Augen aufmachen, und es ist nichts zu sehen. Was werden Sie dann sagen?« – *»Ersten bin ich davon überzeugt, dass da nicht nur etwas, sondern etwas Überwältigendes zu sehen sein wird. Aber stellen wir uns einmal vor, da wäre wirklich nichts. Ich hätte nichts zu bereuen. Der Glaube hat mein Leben so schön und reich gemacht. Schöner könnte ich es mir gar nicht vorstellen.«*

Etwas verschämt und zögernd: *»Ich bin aus der Kirche ausgetreten.«* – »Oh, das kann ich Ihnen gut nachfühlen. Ich frage mich bei so mancher Entscheidung der Kirche, ob ich da noch ihr Mitglied bleiben darf.« Aber ich konnte in unserer Diözese Mainz immer nach meinem Gewissen handeln. Das hat mich stets ein frohes Kirchenmitglied bleiben lassen.

Wenn Ärzte über die Last ihrer Arbeit klagen: *»Sie sind selber schuld. Wären Sie Pfarrer geworden, dann hätten Sie genauso ein schlaues Leben wie ich.«*

»Dreißig Jahre habe ich mich nicht um Gott gekümmert. Wie wird das werden?« – »Haben Sie keine Angst. So ein ganzer Himmel nur voll mit ganz, ganz frommen Leuten, und das eine ganze Ewigkeit lang, das hält selbst der allmächtige Gott nicht aus. Da haben so Typen wie Sie und ich auch eine Chance durch die Hintertür hineinzukommen.« Das sage ich aber nicht zu jedem.

»Ach ja, den guten Menschen geht es schlecht und den schlechten Menschen geht es gut.« – »Ja, da haben Sie recht. Das sieht man an uns Pfarrern. Uns geht es meistens viel zu gut.«

»Nun bin ich so ein guter Mensch. Wie ungerecht, das ich so leiden muss.« – An dieser Güte habe ich so meine Zweifel. Und als ich immer wieder die gleiche Leier höre, sage ich schließlich: »Das ist ja auch der größte Blödsinn, wenn man immer nur brav ist. Wenn da mal was Schlimmes kommt, ist man bitter enttäuscht. – Wenn es mir mal schlecht geht, kann ich sagen: ›Ja, lieber Gott, das habe ich wirklich verdient. Auch wenn es noch viel schlimmer gekommen wäre, dürfte ich mich nicht beschweren.‹«

»Glauben heißt nicht Wissen.« – »Das stimmt ganz genau. Glauben ist viel, viel wichtiger als Wissen. Wenn jemand nicht weiß, dass 2 x 2 = 4 ist, kann er trotzdem ein sehr glücklicher Mensch werden. Wenn er aber niemanden hat, weder Gott noch Mensch, an den er

glauben und dem er vertrauen kann, ist er nichts als ein armer Teufel.«

»Durch all das Leid habe ich den Glauben verloren. Kann ich nicht mehr an einen guten Gott glauben.« – »Das kann ich Ihnen nachfühlen. Vielleicht würde es mir an Ihrer Stelle genauso ergehen. Aber, haben Sie durch den Verlust des Glaubens wirklich etwas gewonnen? Leid, Schmerz und Trauer sind nicht kleiner geworden. Aber bisher hatten sie einen, wenn auch vielleicht verborgenen Sinn. Sie konnten das jedenfalls hoffen. Vor allem wussten Sie, dass das Leid nicht das Letzte ist, sondern Gottes Liebe und Herrlichkeit. Das alles haben Sie nun aufgegeben. Ihr Leben und Leiden ist völlig sinnlos geworden. Sie gehen unaufhaltsam einem blinden Dunkel entgegen. Lohnt sich das wirklich?«

»Die Wissenschaft hat den Glauben überflüssig gemacht.« – »Da irren Sie sich aber gewaltig. Die Wissenschaft hat ein paar recht eindrucksvolle Theorien. Aber beweisen kann sie überhaupt nichts. Noch nicht einmal so richtig, dass 2 x 2 = 4 ist, sie hat sich nur zu einem recht dürftigen Ersatzglauben entwickelt. – Ich glaube, dass hinter der ganzen Welt und ihrer Entwicklung ein unfassbares, übermächtiges, liebendes geistiges Wesen steht, das nach schwersten Geburtswehen die Welt zu einem neuen Leben und zur Vollendung führt. Und Sie glauben, dass alles durch einen blinden, sinnlosen Zufall zusammengewürfelt

ist. Ich muss Ihnen ehrlich sagen, da gefällt mir mein Glaube aber wesentlich besser.«
Mit dem Chefarzt der Neurochirurgie arbeite ich besonders gut zusammen. Er sucht oft das Gespräch mit mir. Schließlich sagt er: »Ich beobachte mit Staunen, das die Menschen, die sich mit Ihnen einlassen, und die zusammen mit Ihnen beten, leichter zu operieren sind. Und sie werden auch schneller wieder gesund.«
Auf einmal wird sein Verhalten kühl und sein Gruß wird knapp. Wenn er in ein Zimmer kommt, wo ich gerade Besuch mache, sagt er: »Ach, der Pfarrer ist da, da bin ich ja überflüssig.« Und er geht weg.
Ich frage die Oberschwester nach dem Grund. Schmunzelnd sagt sie: »Ach, wir haben neulich so sehr gelacht. Bei der großen Visite mit viel Gefolge tritt der Chef in der Intensivstation an das Bett einer reizenden alten Egerländerin. Alle tragen Kittel, Mund- und Kopfschutz. Und die Dame sagt: *»O mei, Sie san ganz gewiss der Herr Pfoarer.«* Großes Gekicher. Etwas pikiert sagt der Chef: »Nein, ich bin hier der Cherarzt. Ich habe Sie operiert und das sehr erfolgreich.« Und sie erwidert ungerührt: *»Oach, wie schoad. Ich hoat mich schon so uf den Herr Pfoarer gefreut.«*
Das scheint mir, vor allem mit Blick auf mich, ein guter Abschluss der vielen, vielen Sprüche zu sein.

Fünf ganz verschiedene Patienten

Der Zäheste:

Im Bett vor mir liegt ein etwa 40-jähriger Mann, dem offensichtlich kurz vorher ein Bein amputiert worden ist. Als ich mich vorstelle, fängt er an zu schreien: *»Verschwinden Sie, ich will keinen Pfarrer sehen, hauen Sie sofort ab!«*

Das tue ich auch. Das habe ich bis zur nächsten Woche total vergessen. Ahnungslos betrete ich das gleiche Zimmer. Da fängt er schon wieder an zu brüllen. Ich entschuldige mich bei ihm und verspreche, ihn nie mehr zu belästigen. Beim nächsten Besuch bleibt er zwar stumm, wirft sich aber im Bett herum und starrt an die Wand. Ich sage ihm: *»Bitte, tun Sie sich doch nicht weh. Ich weiß ja, dass Sie mich nicht sehen wollen.«*

So bleibt es neun Monate lang. Aber dann kommt ganz plötzlich die Änderung. Unvermittelt fragt er, ob auch er eine Zeitschrift haben könne. Ich gebe ihm wortlos ein »Weltbild«. Das wiederholt sich eine Woche später.

Dann treffe ich ihn zufällig allein in dem 4-Bett-Zimmer. Er erzählt mir sein ganzes Elend. Zuerst muss ihm nach monatelangem Bemühen das Bein doch abgenommen werden. Dann verunglückt sein Sohn, sein einziges Kind, mit dem Auto und liegt fast 1000 Kilometer entfernt für lange Zeit im Krankenhaus. Seine Frau lässt ihm danach mitteilen, dass sie zu einem anderen Mann gezogen ist.

Und dann komme ich. Wer will ihm verübeln, dass er da die Nase voll hat, und dass fromme Worte ihn anekeln.

Jetzt bittet er mich, ihm ein paar Dosen Bier zu besorgen. Das tue ich, und habe damit sein wundes Herz endgültig erobert. Beim nächsten Besuch wartet er schon an der Treppe auf mich und ruft mir vom weiten zu: *»Wir haben eine Neuen im Zimmer. Ich habe ihm schon verraten, dass man sich mit Ihnen gut aussprechen kann.«*

Der Liebste:

Dem knapp in Rente gegangenen Familienvater müssen sogar beide Beine abgenommen werden. So weit man sehen und fühlen kann, hat er diese Ungeheuerlichkeit sehr tapfer angenommen und verkraftet. Er erzählt mir von seiner immer noch voll Liebe bewunderten Frau. Vier Buben und drei Mädchen haben sie zusammen groß gezogen. Bei ihrem bescheidenen Einkommen. Dazwischen der opfervolle Bau des kleinen Hauses. Die Kinder sind alle gut geraten und alle glücklich verheiratet. Die ansehnliche Enkelschar wächst von Jahr zu Jahr. Ein echter Oberhesse, so wie ich sie seit 45 Jahren liebe.

»Jetzt wollen sie, ich solle meinen Führerschein abgeben. Denen pfeife ich was. Ich verspreche Ihnen, ich werde nicht untergehen. Da helfen auch meine Lieben.«

Ein Jahr später ist er wieder da. Eine kleine Korrektur an einem seiner Stümpfe. Er strahlt: *»Ich habe es geschafft. Aber glauben Sie ja nicht, dass es leicht war. Ohne meine Frau wäre ich verzweifelt. Die 14 Kinder und Schwiegerkinder haben unser Häuschen rollstuhlgerecht umgebaut. Ich habe Stunde um Stunde trainiert. Jetzt kann ich mich mit dem Rollstuhl überall frei bewegen und ganz allein mit dem Pkw unterwegs sein. Ein Gefühl, wie wenn ein frischer Wind im Frühling rauscht.«*

Der Ärmste:

Nach ihm hat der Glückliche eben noch gefragt. Es war sein Zimmerkollege. Getroffen von dem gleichen Schicksal. Leider gibt es von ihm nur Unheil zu berichten. Kurz zuvor habe ich mit seiner Frau telefoniert. Er konnte sein Schicksal nicht annehmen. Er hatte auch keinen Glauben, der ihm dabei geholfen hätte. So gab es für ihn nur bittere Auflehnung, nackte Verzweiflung und blinde Hoffnungslosigkeit. Er blieb im Bett. Und von da aus hat er sich und den Seinen das Leben zur Hölle gemacht. Als er nach einem halben Jahr starb, war es eine Erlösung für ihn und für die ganze Familie.

Der Tapferste:

Zehn Tage liegt er bei uns auf der Intensivstation. Ich habe ihn an jedem Tag besucht. Er ist 49 Jahre alt und leidet seit 20 Jahren an Multipler Sklerose in ihrer übelsten Form. Als ich ihn zum ersten Mal sehe, ist er ein wirres Knäuel Mensch. Harte Spasmen haben ihn gepackt. Deshalb ist er hier. Der Einbau einer Pumpe für krampflösende Mittel in seinen Rücken soll ihm sein unfassbares Los erleichtern und ihm helfen, es zu ertragen. Es sieht nach wenigen Tagen so aus, als sei der Eingriff gelungen. Spasmen habe ich bei ihm keine mehr miterlebt. Er ist ein überlegter und überlegener Mann. Als er erkrankte, hat er sich genau über seine Zukunft informiert, mehrere Pflegeheime besucht und mit seinem Leidensgefährten gesprochen. Danach hat er als erstes seine Verlobung gelöst. Zu den Tränen seiner Braut, die unbedingt an ihm festhalten wollte, sagte er: *»Auch ich bin traurig über die Trennung. Aber es muss sein. Ich darf Dir diesen wolkenverhangenen Schicksalsweg nicht zumuten. Und du würdest ihn nicht aushalten können. Wenn eine Ehe 20 Jahre besteht,* *kann sie eventuell unter einer solchen Belastung Stand halten. Kürzere Bindungen zerbrechen immer.«* Sie hat inzwischen geheiratet und besucht ihn ein paar Mal im Jahr mit ihrem Mann und den Kindern.

Selten habe ich einen Menschen erlebt, der schon in diesem Leben Gott so spürbar nah war. Seine linke Seite ist vollständig gelähmt. Rechts kann er noch drei Finger bewegen und die Hand mühsam über die Bettdecke gleiten lassen. Das genügt, um Fernbedienungen für Radio, Fernsehen und ein Überkopflesegerät in Bewegung zu setzen.

»Ich bin kein unglücklicher Mensch,« sagt er mir, *»ich habe immer etwas, worauf ich mich freue. Jede Woche werde ich von meinen Pflegern einmal zu einer Selbsthilfegruppe gebracht. Das ist immer ein Höhepunkt. Jeden Morgen lese ich sorgfältig die Zeitung und studiere Rundfunk- und Fernsehprogramm. Am liebsten höre ich Musik, Klassik und Moderne. Auf ein Konzert kann ich mich schon tagelang freuen.«*

So still wie er gekommen ist, wird er auch wieder zurückgebracht in sein Pflegeheim, das er als seine Heimat angenommen hat.

Der Erheiterndste:

Ich besuche eines der Einzelzimmer. Dort wird ein älterer Herr gerade von zwei sehr jungen Schülern betreut. Ich frage, ob ich störe. Und die beiden Jungen sagen zu ihrem Pa-

tienten: *»Da ist ein Pfarrer. Wollen Sie ihn sprechen?« »Naa«*
antwortet er laut und heftig. Die beiden Lümmel lachen mich kräftig aus. Und ich äußere: »Ja, so oan echte Egarlanda, der sagt immer, wos er denkt.« »Woher wissens, dass i a Egarlanda bin?« *»Na ja,« meine ich, »das ist doch kaum zu überhören.« Und zu den Pflegern: »Manche Egerländer Männer habens nicht so arg mit der Kürchen. Aber auf den Himmelfvoate und die Himmelsmuoder lassens nix kommen.« Und zu dem Patienten: »Gell?« Aus tiefstem Herzen antwoertet er: »Joa«.*
»Na, da können wir auch zusammen ein Vaterunser und ein Avemaria beten.« Und das tun wir dann. Danach gebe ich den Segen. Und der liebe Egarlanda sagt: *»Dös wor oba jetzt schie, kommens bald emal wieda!«*
Heiter und mit einem leicht triumphierenden Blick zu den beiden Pflegern ziehe ich ab.

Eine besondere Patientin

Die junge Frau scheint etwas Besonderes zu sein. Jedenfalls nach der fast unterwürfigen Art zu urteilen, mit der alle vom Cherarzt über seine Assistenten und Schwestern bis zu den Putzfrauen um sie herumtanzen. – Als ich sie besuche, und mich vorstelle, empfängt sie mich äußert ungnädig. »*Was, Sie als ein katholischer Pfarrer trauen sich überhaut noch in die Öffentlichkeit, nach allem, was über Euch bekannt geworden ist. Überhaupt hat der Mensch die Erde völlig verdorben. Am schlimmsten hat die katholische Kirche gewütet. Erst wenn alle Menschen ausgerottet sind, wird die Erde wieder schön.*« Die gleiche Leier höre ich auch bei meinem zweiten Besuch. Beim dritten treffe ich sie kurz vor der Entlassung. Die Operation hat sie gut überstanden. Aber ein neues Thema ist ihr nicht eingefallen. Jetzt kann sie einen kleinen Schubs vertragen.

Schmunzelnd sage ich: »*So einfach wird es mit der Vernichtung der ganzen Menschheit nicht gehen. Denken Sie nur an das logistische Problem der Abfallbeseitung. Aber ein ganz kleiner Teil der Menschheit steht ihnen doch zu Ihrer völlig freien Verfügung. Und das kann ich Ihnen versichern. Wenn Sie diesen Teil ausrotten, dann wird die Welt schon viel schöner.*«

Ein paar Sekunden lang schaut sie mich an wie vom Donner gerührt. So hat sicher noch niemand mit ihr gesprochen. Normalerweise ist sie diejenige, die die anderen herunterputzt. Doch dann zeigt sie plötzlich Sinn für Humor und lacht herzlich. Und so ist unser Abschied doch viel menschlicher als die Begrüßung.

Im psychiatrischen Krankenhaus

Dort herrscht eine eigene Atmosphäre. Nirgendwo sonst in der Seelsorge sind die Begegnungen so intensiv und Rückmeldungen so klar und kräftig. Da kann es durchaus geschehen, dass während der Sonntagspredigt einer aufsteht und ruft: »*Was Sie da reden, finde ich ganz gut. Das ist auch meine Meinung.*«

Es kann aber auch sein, dass plötzlich eine ganze Gruppe aufsteht, erklärt: »Den Quatsch können wir uns nicht mehr anhören!« und geschlossen hinaustrampelt.

Wenn das gelegentlich auch in unseren Gemeindemessen geschehen würde, wäre sicher eine spürbare Anhebung der Predigtqualität die Folge.

Nach der heiligen Messe bittet mich eine junge Frau um 50 Pfennige. Die gebe ich ihr gern. Und sie sagt: »*Ich gehe doch jetzt auch in den evangelischen Gottesdienst. Da will ich auch was in das Opferkästchen werfen.*« Ein Patient tritt an mich heran und flüstert mir zu: »*Ich bin der Herr der Welt. Alles gehört mir. – Können Sie mir bitte eine Zigarette geben?*« Zigaretten sind die nachhaltigsten Seelsorgehilfen im

PKH. Da kommt ein Patient zu mir, der zu den am schwersten Kranken gehört. Tagelang spricht er eine Sprache, die außer ihm niemand versteht. Wenn er gut gelaunt ist, sagt er, er sei der größte Helfer der Menschheit. Er habe das auf die Toilettegehen erfunden. Heute lächelt er mich an: *»Herr Pfarrer, Ihre Marlboro schmecken am besten.« »Wieso, es sind doch die gleichen wie bei allen anderen.« – »Nein. Sie überreichen sie immer mit einem freundlichen Lächeln.«* Nirgendwo verzinst sich Liebe so stark, wie wenn man sie im PKH investiert. Noch heute, 20 Jahre nach meinem Wirken dort, werde ich in der Stadt von früheren Patienten oft stürmisch begrüßt.

Geisteskranke handeln immer logisch. Aber nach ihrer eigenen Logik, in die wir meistens keinen Einblick haben. Deshalb ist im Umgang mit ihnen äußerste Zurückhaltung geboten. Beim Sonntagsgottesdienst wirkt ein erfahrener Pfleger mit, der auch den Küsterdienst versieht. Aber am Freitag bin ich mit ca. 15 Kranken allein. Alle helfen auf ihre Weise bei der heiligen Messe. Der Streit um den Lektorendienst droht zu eskalieren. Allen, die sich bewerben, wird schließlich ein Teil übertragen. Dann kehrt Ruhe ein. Aber manchmal hören wir so drei Lesungen und zwei Evangelien. Schwer ist das Amt des Klingelhüters. Denn bei Unterlassungen, oder gar beim Läuten zur Unzeit, wird er von der ganzen frommen Gemeinde bedroht. Einer darf die Kerzen anzünden, der geistig Schwächste sie später ausblasen. Die übrigen ministrieren. Immer werden die Fürbitten frei formuliert. Oft mit zu Herzen gehender Thematik: *»Herr, hilf dass unsere Männer uns nicht verstoßen, weil wir hier so lange behandelt werden.« – »Hilf, dass das kranke Erbgut, was wir unseren Kinder weitervererbt haben, nicht zum Ausbruch kommt.«* Drei Minuten vor Messbeginn läutet das Telefon Sturm. Der Kerzenausblaser hat die Grippe. Er ist völlig verzweifelt. Weil er nicht weiß, wie die Messe ohne ihn beendet werden kann. – Ich beruhige ihn und sage ihm zu, dass ich heute ausnahmsweise einen Vertreter beauftragen werde, aber mich fest darauf verlasse, dass er nächste Woche seinen wichtigen Dienst wieder übernehmen wird. Beruhigt legt er sich ins Krankenbett.

Nun wird es Zeit für einen Besuch im gerichtsmedizinischen Bereich. Das alte, festungsartige Gebäude, das inzwischen abgerissen wurde, wirkt auf den Besucher niederschmetternd. Leise schnurrend öffnet sich eine schwere Tür. Man tritt in eine Schleuse, wird dort überprüft, und dann gleitet eine zweite Stahltür auf. Man tritt in den Hof und wird dort von einem Beamten abgeholt. Wieder müssen schwere Stahlplatten bewegt werden. Der Schlüssel dazu wird dann in einem Safe mit Nummernschloss deponiert. Dort befindet sich der Schlüssel für die letzte Gittertür aus Stahlstangen von 3 bis 4 Zentimeter Durchmesser. Dann ist man im Haus. Der Zugang zu den Häftlingen ist noch einmal durch gepanzerte Türen gesperrt. Bei den schwersten Jungen sind das die gleichen offenen Stahlgitter wie die unten an der letzten Tür. Unwillkürlich wird man an Raubtierkäfige erinnert. Ich lasse mir öffnen. Beim Eintritt achte ich sorgfältig darauf, dass die Tür hinter mir nicht ins Schloss fällt. Es gibt zwar einen Notrufknopf in der Zelle. Aber den muss man erstmal erreichen. Und in den paar Minuten, bis der rettende Beamte eintrifft, kann ja allerhand geschehen.

Batsch, da fällt die Tür tatsächlich zu. Meine Knie schlottern leicht, denn der Mann vor mir hat schließlich schon sieben Menschen getötet. Der bemerkt natürlich mein Erschrecken und mit leicht spöttischem Lächeln sagt er freundlich: *»Keine Angst, Herr Pfarrer, ich tue Ihnen nichts.«* Wir reden offen über sein zerstörtes Leben und die Gewissheit, dass er die Zelle erst nach seinem Tod verlassen wird. Da fällt einem das Reden nicht leicht.

Der Nachbar ist noch keine dreißig Jahre alt. Auf der ihm als Lohn für sein glänzendes Abitur geschenkten USA-Reise ist er heroinabhängig geworden. Hier sitzt er wegen Beschaffungskriminalität. Ehrlich sagt er: *»Ich kann hier nie mehr herauskommen, und will es auch nicht. Ich habe alle Heilmethoden und die Hölle*

der Entziehungszeiten durchgemacht. Vergeblich. Nach einer 40-monatigen Therapie habe ich mir am ersten Tag in der Freiheit schon wieder eine Spritze gesetzt.« Bis er einmal wieder beten können wird, ist noch ein langer Weg.
Aber es gibt in diesem düsteren Haus auch kleine Lichtschimmer. Ein anderer Patient sitzt vergnügt futternd vor einem Teller mit zwei großen Stücken Käsetorte. *»Stellen Sie sich vor«* erzählt er, *»ein früherer Zellengenosse von mir ist nun schon mehrere Jahre draußen. Heute ist er beruflich in Gießen. Da hat er mir diese Käsetorte geschickt. Er hat nicht vergessen, wie gern ich sie esse, und auch nicht, dass ich damals, als er kein Geld hatte, ihm so manches Mal ein Stück Kuchen spendiert habe.«*
Nebenbei. Aus meiner kurzen Zeit als Pfarrer in Butzbach und gelegentlich als Aushilfe im Gefängnis besitze und hege ich eine ganze Reihe von Dankesgaben von Mördern und anderen Schwerverbrechern, denen ich ab und zu ganz geringe Gefälligkeiten erweisen konnte. Auch das gibt es auf der anderen Seite unserer sonst so klar getrennten Welt.
Auch in diesem Haus hier gibt es jeden Sonntag abwechselnd einen evangelischen oder katholischen Gottesdienst. Wir halten Wortgottesdienste. Da höre ich wie einer der Anwesenden einen Neuaufgenommen fragt: *»Warum bist du denn hier?« – »Ich habe einen umgenietet. Ich weiß nicht einmal warum.« – »Sag' das bloß nicht bei deiner Verhandlung. Sonst*

kommst du hier nie mehr raus.« – Was sich so in den Gedanken von Gottesdienstmitfeiernden abspielt.
Ich besuche die Schwerstkrankenstation. Ein netter junger Mann wird von den Mitpatienten stark attackiert und des Diebstahls bezichtigt. Heftig leugnet er. Und weil er auch noch ein treuer Kirchgänger ist, nehme ich ihn energisch in Schutz. Im anschließenden Einzelgespräch frage ich ihn: *»Warum sind die so böse auf Sie?« – Er antwortet: »Ich kann sie verstehen. Ich stehle wirklich wie eine Elster.«*
Er hat sein eigenes System entwickelt. Er stürmt in ein fremdes Zimmer und schreit: *»BKA! Razzia wegen Terrorismusverdacht!«* Blitzschnell öffnet er die Schränke und lässt alles an Zigaretten und Süßigkeiten mitgehen, was er nur erwischen kann. – Ob meine Ermahnungen helfen?
Eine seiner Mitpatientinnen bittet um ein Gespräch. Eine Frau von fast beängstigender Wucht und sicher 150 Kilogramm. Sie erzählt, sie sei vor einigen Jahren von fanatischen Verwandten betrunken gemacht, zum Kirchenaustritt ins Amtsgericht und dann zum Eintritt in eine Sekte geführt worden. Jetzt will sie in die katholische Kirche zurückkehren.
Ich erkläre ihr, dass dies angesichts der vorliegenden Umstände ganz unkompliziert geschehen kann. Aber sie verlangt, dass diese Aufnahme durch den Papst persönlich erfolgt.

Was ist da zu tun? Schönes Schreiben gehört nicht zu meinen Stärken. Trotzdem nehme ich ein Blatt Papier und einen roten Filzstift und schreibe:

> Ich, Johannes Paul II, von Gottes Gnaden Bischof des Heiligen Stuhles von Rom, beauftrage hiermit den Krankenhauspfarrer Peter Robert die Frau L. M. in die katholische Kirche aufzunehmen.
>
> gegeben zu Rom am 29.03.1987
>
> \+ + Johannes Paul II

Ich zeige ihr das Dokument und sie ist platt. Ehrfürchtig und zitternd hält sie es in ihren starken Händen und liest es wieder und wieder. Dann kommt die feierliche Zeremonie. Mein leises Bangen, wie das nun weiter gehen wird, zerstreut sie rasch. »Das kann ich hier nicht aufheben. Die Saubande hier, die würde mir das bald klauen. Das gebe ich Ihnen mit nach Hause.« – Von einer Zentnerlast befreit, entsorge ich das Blatt gleich vor der Station.
Als Dank kommt sie am Sonntag zur heiligen Messe. In voller Größe. Sie fühlt sich berufen, für Ordnung zu sorgen. Wenn auch nur einer hinter ihr etwas flüstert, dreht sie sich um, hebt drohenden den mächtigen Arm und schreit: *»Wenn du jetzt nicht sofort Dein Maul hältst, haue ich Dir eine drauf.«* Das sorgt zwar

vorübergehend für eine erschrockene Ruhe, stört aber die Messe weit mehr als das übliche leise Geflüster. Doch schon am Montag sagt sie: *»Ich kann leider nicht mehr zur Messe kommen. Der russische Geheimdienst ist hinter mir her und das würde auch Sie in Gefahr bringen.«* Leider muss ich zugeben, dass mein laut geäußertes Bedauern, vollständig geheuchelt ist.

Wenige Tage später begegnet sie mir im Park. Sofort legt sie sich auf den Weg und sagt: *»Geben Sie mir die letzte Ölung, ich werde bald sterben.«* Lachend entgegnete ich: »Das könnte Ihnen so passen. *Abgesehen von Ihrem Kopf möchte ich mal Ihre Gesundheit haben.«* – Am nächsten Tag frage ich einen der Ärzte, was so ein Verhalten wohl zu bedeuten hat. Ernst antwortet er mir: *»Sehr viel. Sie hat weiter vom Sterben gesprochen. Wir haben sie in die Akutstation verlegt und einen Facharzt gerufen. Der konnte nichts finden. Auch das Labor bestätigte nur beste Werte. Am Abend ist sie dann plötzlich gestorben.«*

Ich werde in das »Feste Haus« gerufen. Einer meiner sanftesten und liebenswürdigsten Patienten ist dort eingeliefert worden. Er hat einem jungen Pfleger mit einem Stuhl beide Unterarmknochen zerschmettert. Wenn der den Arm nicht rechtzeitig hochgebracht hätte, hätte er den Angriff wohl nicht überlebt. Ich denke an meine oben geschriebenen Worte von der eigenen Logik der geistig Kranken. Das bestätigt mir gleich der junge Täter. Er braucht Geld für Zigaretten. Das kann man sich in PKH leicht durch Hilfsarbeiten zum Beispiel in der Küche oder in der Gärtnerei verdienen. Als er sich meldet, wird er aber bei einer Verputzerfirma zum Mörteltragen eingeteilt. Das hat ihm nicht gefallen. Er überlegt, wenn er jetzt aufhört, wird er so schnell keine Arbeit mehr bekommen. Also sagt er: *»Ich muss aufhören, ich merke, ich bekomme meinen Schizophrenieschub.«* Da darf er zurück in seine Station. Am Abend hat er das völlig vergessen. Darum wehrt er sich, als zwei Pflegeschülerinnen kommen, um ihn im Bett zu fixieren. Dazu kommt ein junger Pfleger von der Nachbarstation, angelockt von den Schönheiten aus der Pflegeschule. Denen will er imponieren und zeigen, wie er ruck-zuck den aufsässigen Kranken fixiert. Der aber greift zu dem Stuhl.

Der Verletzte hat mehrere elementare Regeln der Pflege in psychiatrischen Kliniken missachtet. Niemals darf ein Pfleger einen kritischen Patienten anfassen, den er nicht kennt, ohne auf Hilfe von denen zu warten, die das Verhalten des Auffälligen beurteilen können, und denen dieser vertraut, und von denen er sich meistens willig leiten lässt.

Niemals darf er tätig werden, wenn er nicht Hilfe hat, und sicher ist, dass er den Kranken auch bändigen kann.

Endlich habe ich Zeit für die beiden psychotherapeutischen Stationen. Dort gibt es manchmal spannende Gespräche bis weit in die Nacht. Da wird sogar das Abendessen und der Freitagskrimi vergessen. Heute ist es ruhig. Nur ein etwas angereifter Künstler sucht das Gespräch. Unbefangen erzählt er, dass er von alleinstehenden älteren Damen lebt. Immer so lange, bis ihre Ersparnisse verbraucht sind. Vergnügt berichtet er von einer pensionierten höheren Beamtin, die sogar einen neuen Mercedes für ihn gekauft hat. Als ihr Geld zur Neige geht, hat er auf den Wagen ein Bankdarlehen aufgenommen, dann hat er ihn an einen Geschäftsmann verkauft und ihn vor der Übergabe total kaputt gefahren. Für all das hielt man sich an seiner Angebeteten schadlos. Jetzt hat er zwar noch eine Freundin, aber die hat kaum noch Geld, und ist daher für ihn völlig uninteressant geworden. Nun rückt er auch mit dem Grund heraus, warum er ausgerechnet mich hatte sprechen wollen. Er fragt mich, ob ich ihm nicht die Adresse einer gutbetuchten, alleinstehenden älteren Dame geben könne, da er jetzt bald entlassen wird.

Die andere Station ist für jüngere Leute bestimmt, so zwischen 18 und 30. – Heute wächst unser Gesprächskreis rasch auf knapp 20 Personen an. Ich versuche von natürlichen Gegebenheiten ausgehend hinzuführen zum Glauben. Da unterbricht mich mein linker Nachbar, Anfang 20 und hochbegabter Student: *»Ach lassen sie doch diesen Quatsch. Den* *kennen wir doch alle. Reden Sie doch lieber von Jesus Christus und vom Himmel!«* Ich antworte: *»Das passt aber. Vor ein paar Minuten haben Sie mir doch eben versichert, dass Sie an den ganzen frommen Unsinn nicht glauben.« – »Ja, das stimmt auch. Aber wenn ich nicht ganz tief in meinem Innern so einen ganz kleinen Funken Hoffnung hätte, dass an dem, was Sie hier immer so erzählen, doch etwas dran ist, dann würde ich mir noch in dieser Stunde das Leben nehmen. Und das gleiche gilt von allen die hier sitzen.«* Das kann ich nicht glauben. Aber alle rings im Kreis bestätigen, was ihr Freund eben gesagt hat.

Wie viele Chancen verpassen doch wir Kirchenleute hier und überall und an allen möglichen Ecken unserer Welt.

Ein heiterer Schluss: Am Erntedankfest steht ein Korb mit zwanzig Flaschen Traubensaft in meiner Sakristei. Die kleine Kirche ist gemeinsam. Es gibt aber eine evangelische und eine katholische Sakristei. Dank der Großzügigkeit der Gärtnerei und des Einsatzes unseres Pfleger-Küsters ist die Kirche wundervoll geschmückt. Nun stellen wir noch den Traubensaft zum Altar. Offensichtlich eine Spende des Krankenhauses an diesem Tag. Der Traubensaft wird dann nach der heiligen Messe restlos ausgetrunken.

Ein paar Tage später fragt mich zögernd und unsicher mein evangelischer Mitbruder, ob ich etwas von seinem Abendmahlstraubensaft gesehen hätte. – Jetzt weiß ich woher der plötzliche Saftsegen gekommen ist.

EIN JUNGER TÜRKE

Ein junger Türke stellt die Welt auf den Kopf. Der älteste Sohn einer wohlhabenden Familie kommt als Tourist ganz allein nach Deutschland. Er will das Land kennen lernen, wo so viele seiner Landsleute leben und arbeiten.

Er kann kein Wort Deutsch, aber er denkt, das braucht er auch nicht, weil es hier so viele Türken gibt. Alles klappt recht gut. Deutschland gefällt ihm, bis er ausrutscht und auf komplizierte Weise ein Bein bricht, so kommt er zu uns in die Uniklinik. Genau an den für ihn jetzt günstigsten Ort.

Er wird gleich mit der gewohnt gekonnten und glänzenden Fachkompetenz operiert. Er hat großes Glück. Er wird keine Behinderung behalten. Und trotzdem fängt er plötzlich an bitterlich zu weinen und laut zu schreien. So wird er zum Fall für mich. Die Schwestern haben einfach nicht genug Zeit, um lange bei

ihm zu sitzen. Das übernehme ich, nachdem sie mich angepiepst und gerufen haben.
Aber auch ich kann ihn nicht trösten. Ich reiche ihm die Hand und verzweifelt klammert er sich an mich. Unser türkischer Dolmetscher ist verreist und kehrt erst morgen zurück. Ich bete still und beobachte ihn sorgfältig. Sein Weinen ist leiser geworden. Aber dicke Tränen kullern noch unaufhörlich weiter. Immer wieder wandert sein ängstlicher Blick nach unten zu seinen Beinen. Da geht mir endlich ein Licht auf. Er war mit Rückenmarksspritze operiert worden. Nun ist er zwar wach, aber er spürt voller Entsetzen, dass seine Beine völlig taub sind. Er kann sie nicht bewegen. Er glaubt, er sei querschnittsgelähmt. Beruhigend rede ich auf ihn ein. Deute auf die Beine und sage immer wieder: »Iji, iji«. Das heißt so etwa »gut, gut«. Er hört zwar auf zu weinen, aber sein Blick ist immer noch zweifelnd. Ich signalisiere ihm: »Bitte warten, bitte warten!« und eile hinüber in den Neubau. Dort arbeitet zurzeit eine türkische Schwesternschülerin aus meinem Ethikkurs. Ich hole sie und erkläre ihr unterwegs, was sie dem jungen Landsmann sagen muss.
Das geschieht, und sein Gesicht fängt an zu strahlen und zu leuchten. Sicher wird der heitere Glanz noch dadurch erhöht, dass ein hübsches Mädchen ihm die Freudenbotschaft übermittelt. Überschwänglich bedankt er sich bei mir. Ich sage ihm mit meinen schwachen

Türkischkenntnissen, es sei nun Zeit für ein herzliches Dankgebet an Allah. Und diesem Rat folgt er sofort.

Zwei starke Frauen

(Spr. 31, 10–13)

Nur wer nichts tut, macht nichts falsch. Ärztliche Fehler gibt es auch in der guten alten Zeit, lange vor jeder Gesundheitsreform. Und bei meiner Schusseligkeit bin ich froh, dass ich Pfarrer und nicht Arzt geworden bin. Denn wenn ich mal eine falsche Evangeliumsstelle vorlese, tut das niemandem weh. Bei einer falschen Spritze ist das ganz anders. An zwei überaus lieben und tapferen Frauen, wird mir das wieder überdeutlich nahe gebracht. Die Rückenmarksspritze ist heute eine der sichersten und am häufigsten angewandten Narkoseformen. Das habe ich schon zweimal am eigenen Leib erfahren. Vor etwa 40 Jahren war das noch nicht so. Vor mir im Rollstuhl sitzt eine fröhliche und freundliche Frau von 50 Jahren. So sitzt sie, wie sie sagt, schon 23 Jahre lang. Und wegen der Folgen dieses langen Sitzens muss sie bei uns mehre-

re Monate lang behandelt werden. Eine Nadel, die nur um wenige Zentimeter ihr Ziel verfehlte, ist die Ursache.
Als Behinderte hat sie einen Witwer mit drei Kindern geheiratet. Zu denen hat sie immer noch ein gutes Verhältnis. Der Mann ist früh gestorben.
Zusammen haben sie ein kleines Häuschen gebaut, eingehüllt in eine Fülle von leuchtenden Blumen. *»In dieser seligen Zeit habe ich oft meine Behinderung ganz vergessen.«* sagt sie. Dort wohnt sie noch immer. Ganz allein. Jeden Tag ein paar Stunden lang betreut von einem aufmerksamen und menschenfreundlichen »Zivi«. Sie erzählt, dass an jedem Tag Nachbarn zu Besuch kommen und eine Stunde bei ihr sitzen. Dann erzählen sie von ihren Mühen und Sorgen, von ihren Krankheiten und den Problemen mit ihren Kindern. Und wenn sie weggehen sagen sie: *»Eigentlich wollte ich zu Dir kommen, um Dich ein bisschen zu trösten. Stattdessen habe ich Dir mein Leid geklagt, und Du hast zugehört und so eine schwere Last von meinen Schultern genommen.«* Halt »eine starke Frau«. Mehr kann man dazu nicht sagen.
Einer zweiten Patientin ist es ähnlich ergangen. Bei ihr benutzt der Arzt vom guten alten Schlag keine Einwegspritzen. Seine stumpfen alten Nadeln sterilisiert er immer wieder selbst. So impft er ihr eine schwere Entzündung in den Rücken ein. Ein Leiden, das sie

nun für den Rest ihres Lebens mit sich schleppen muss. Monatelang liegt sie bei uns und wird wieder und wieder operiert. Schließlich fällt sie ins Koma. Die Lage ist aussichtslos. Sie muss sterben. Ihre Angehörigen werden benachrichtigt. Sie kommen gleich in großer Zahl. Acht Kinder hat sie geboren und zusammen mit ihrem lieben Mann in großer Bescheidenheit erzogen. Die Schar der Enkel ist schon schier unüberschaubar und wird, wie man an Töchtern und Schwiegertöchtern deutlich sieht, auch stetig wachsen. Nach acht Tagen wird sie plötzlich wach. In bin gerade in der Intensivstation und genieße das aufblühende Lächeln auf ihrem abgezehrten Gesicht. Da kann ich der Versuchung nicht widerstehen und stelle ihr die dümmste Frage die man Kranken stellen kann: *»Wie geht es Ihnen?«* Denn wenn es gut ginge, wäre sie ja nicht hier. Sie aber antwortet fröhlich mit ihrer piepsigen Greisenstimme: *»Gut«* und dann erzählte sie mir: *»Ich habe genau mitgekriegt, wie meine Angehörigen um mein Bett standen und weinten, weil der junge Arzt ihnen gesagt hat, dass ich bald sterben werde. Da dachte ich mir: ›Bürschchen, Dir werd ichs zeigen‹. Das entscheidest nicht du, das entscheidet ein anderer.«* Wenige Tage später kann sie entlassen werden.

Chefärzte Oberärzte Menschen

Ich habe das große Glück, dass ich eine ganze Reihe bedeutender Ärzte kennen lernen durfte. Ich habe lange überlegt: Unter den mehreren 1000 Ärzten, die mir in den 16 Jahren begegnet sind, war nicht ein einziger Versager, nicht eine einzige Fehlbesetzung. Besonders sehr junge Ärzte hatten manchmal noch Defizite im menschlichen Bereich. Der war in der langen wissenschaftlichen Ausbildung manchmal in den Hintergrund geraten. Aber wenn ich sie daraufhin angesprochen habe, waren alle dankbar und lernbereit. Heilen ist ja nicht nur ein Werk perfekter Technik, sondern auch Wirkung des ganzen Menschen.

Toll, dass die Nachfolger der Großen der Vergangenheit heute fest und sicher in den Fußspuren ihrer Vorgänger stehen. Einer der ganz Bedeutenden sagte mir wenige Tage vor seinem recht frühen Sterben: *»Mein Tod ist kein Verlust für die Medizin. Meine Oberärzte beherrschen ihre Kunst heute genauso gut oder sogar schon besser als ich.«* Und tatsächlich. Nach wenigen Wochen haben diese eine Operation, die der alte Chef noch ein Jahr zuvor hatte abbrechen müssen, mit Erfolg zu Ende geführt.

Der Größte war der ganz alte Chef. Er hatte noch ein Arbeitszimmer in der Klinik. Wenn er da war, konnte man das leicht sehen. Er parkte seinen Mercedes stets genau unter dem Schild »Halteverbot«.

Er kommt dann mit zunehmendem Alter immer seltener als Teilnehmer, aber immer öfter als Patient in seine Klinik. Ich besuche ihn oft. Wir werden gute, ja sehr gute Freunde. Wenn er erzählt, wird Medizingeschichte lebendig. Er hat noch in allen Bereichen operiert: Lungen, Därme, Gehirne, Gebärmutter, kaputte Knie und nicht zuletzt Herzen. Er hat in Gießen die in Deutschland zweite Operation am offenen Herzen durchgeführt. Offiziell wurde hier in der Orthopädie so etwa um das Jahr 1970 der in Deutschland erste Kniegelenkersatz eingefügt. Ich lernte aber einen Patienten kennen, der 1990 noch ohne große Beschwerden mit einem Kniegelenkersatz herumlief, den der große Alte etwa 1933 von einem Gießener Schlosser aus Edelstahl hatte anfertigen lassen.

Als er eines Tages etwas ungeduldig auf das Röntgen wartet, klopft ihm ein Pflegeschüler auf die Schulter und sagt: *»Nicht aufregen, Opa, du kommst auch noch dran.«* Dem ist das gar nicht gut bekommen. Ich hoffe, dass er da-

bei wenigstens etwas von der Würde des Alters gelernt hat.
Der alte Herr hat früh den Wandel der Zeit erkannt, die Notwendigkeit der Spezialisierung angesichts der explosionsartigen Vermehrung des chirurgischen Könnens.
Er hat wesentlich beigetragen zu dem großartigen Ruf, den die Gießener Medizin weit über Deutschland hinaus genoss und genießt.
Gleich in den ersten Tagen lerne ich einen seiner berühmtesten Schüler kennen. Er ist der einzige seiner Kollegen, den ich noch nicht erreicht habe, um mich bei ihm vorzustellen. Es geht schon auf 21.00 Uhr zu. Eigentlich zu spät für Krankenbesuche. Aber ich muss heute durch die Privatstation gehen. So will es der Wechsel mit dem Dienst meiner liebenswürdigen evangelischen Kollegin. Vorsichtig frage ich an der Tür eines jeden Zimmers, ob ich auch nicht störe. Nirgends werde ich abgewiesen.
Schon im ersten Raum sitzt eine reizende, junge Patientin am Tisch und schaut betrübt auf die Platte mit ihrem Abendessen. Ich schließe mich ihrem traurigen Blick an. Denn angesichts der verlockenden Delikatessen erwacht mein Magen und erinnert mich daran, dass ich seit 12.00 Uhr nichts mehr gegessen habe.
»Können Sie mir helfen?« fragt sie mit gut gespielter Verzweiflung. *»Wegen meiner Lebererkrankung muss ich streng Diät halten. Meine*

Hausärztin hat mir die Butter verboten, außerdem jede Form von Wurst oder Schinken, jeden würzigen Käse, erst recht Schweine- und Rindfleisch. Erlaubt ist nur in Wasser gekochtes Geflügel, völlig salzlos. Da ist mir der Appetit schon längst vergangen. Aber ich will doch wieder gesund werden. Und hier erhalte ich zum Mittagessen eine dicke Scheibe Schweinebraten, die ich natürlich zurückgehen lasse. Und heute Abend liegt da Butter, Wurst und verlockender Schnittkäse. Was soll ich nur machen. Ich habe Hunger.«

»Eben ist ein Arzt gekommen. Er wird gleich mit der Visite beginnen. Den können Sie fragen!«

Und schon klopft es an der Tür und ein junger freundlicher Arzt betritt das Zimmer. Trotz der vorgerückten Stunde wirkt er noch dynamisch und heiter. Liebenswürdig sagt er: *»Ach Herr Pfarrer. Sie sind schon da, da beginne ich heute mit der Visite am anderen Ende der Station.«* Ich bitte ihn noch rasch um Auskunft für die hungrige Patientin. Schmunzelnd sagt er: *»Natürlich dürfen Sie Butter nicht fingerdick auftragen. Ein fettes Spannferkel sollen Sie auch meiden. Aber ansonsten dürfen Sie essen, was Ihnen schmeckt. Ein fröhlicher Magen und ein genussvolles Essen sind für Ihre Genesung viel wichtiger als eine engherzige und lebensfeindliche Diät.«*

Als ich mich im Stationszimmer verabschiede, sage ich zu den Schwestern: *»Da habt ihr aber wirklich mal einen freundlichen Assistenzarzt.«*

Lauthals lachen die beiden Schwestern los. *»Das war unser Chef!«*

Am nächsten Tag ist Chefvisite in der Allgemeinstation. Jetzt weiß ich, wer da kommt. Er bleibt vorm Bett des Patienten stehen und blickt misstrauisch auf dessen Nachttisch. Da liegen an die 20 Tabletten, aufgereiht wie Grenadiere. *»Um Himmels Willen«,* sagt der Professor, *»so viele Tabletten.« »Ja«* sagt der Patient stolz. *»Die haben mir Ihre Kollegen alle verschrieben!« »Aber Sie nehmen sie doch hoffentlich nicht alle?«*

Sein erfolgreicher Kollege ist schwer krank. Bald wird er sterben müssen. Das weiß er schon seit zehn Jahren. Statt diese Zeit zu genießen und sich ein schönes Leben zu machen steht er jeden Tag am OP-Tisch und verbessert die Lebensqualität vieler kranker Menschen. Zuletzt kann er sich nur noch mit Hilfe eines schweren Korsetts bei den mehrere Stunden dauernden Operationen aufrecht halten. Als er auch das nicht mehr kann, führen wir noch gute Gespräche und beten vertrauensvoll im Blick auf das nahe Ende. Als er manchen Zweifel äußert, sage ich ihm: *»Wer sich so wie Sie aus Liebe für leidende Menschen aufgeopfert hat, braucht sich um die Zukunft nicht zu sorgen. Der kommt in den Himmel, ob er will oder nicht.«* Bei meinem letzten Besuch schläft er tief. Die Tochter sitzt an seinem Bett. Sie sagt: *»Gell, sie haben meinen Vater sehr lieb.« »Ja, so sehr wie nur ganz wenige ande-*

re Menschen« – »Leider ist er schon lange nicht mehr ansprechbar.« Da öffnet der Patient mit Mühe ein Auge und blinzelt mir zu. Dann gleitet er zurück ins Koma.

Ein anderer Chefarzt sagt bei der Weihnachtsfeier der Chirurgie: *»Sie wissen ja, dass ich vor kurzem wegen Herzbeschwerden einige Zeit in der Klinik in Bad Nauheim verbringen musste. Da hat mir der katholische Pfarrer eine Karte geschrieben. Seine Worte haben mir auf dem Weg der Genesung mehr geholfen als die Bemühungen meiner ärztlichen Kollegen.«* Das habe ich so als eine Art Ritterschlag empfunden.

Beim Weg in eine Intensivstation fällt mein Blick auf die ausgehängte Röntgenaufnahme einer Lunge. Dem Patienten scheint es nicht gut zu gehen, denn die Lunge ist offensichtlich sehr schlecht belüftet. Da kommt der Oberarzt, der Leiter dieser Intensivstation. Auch schon mit dem Titel Professor geschmückt. Er grüßt und bleibt stehen. Eine willkommene Gelegenheit für mich, mit meinen diagnostischen Fähigkeiten zu prahlen. Schon öffne ich den Mund. Da sagt der Professor: *»Schauen sie sich diese Röntgenaufnahmen an. Einer, der von unserem Handwerk absolut nichts versteht, könnte völlig irrig meinen, dem Patienten ginge es nicht gut, weil die Lunge scheinbar schlecht belüftet ist. Aber sehen Sie hier neben hin. An der Stellung der Rippenbögen können Sie erkennen, dass die Aufnahme zu spät, erst beim Ausatmen erfolgte. Sie ist nichts* *wert und muss sofort wiederholt werden.«* Wie gut, dass auch mein vorlautes Mundwerk diesmal zu spät funktioniert hat.

Die fruchtbarsten Zeiten für Krankenbesuche und auch für Begegnungen mit den Chefärzten sind der Samstag- und der Sonntagmorgen. Die meisten Chefärzte arbeiten an sechs, oft auch an sieben Tagen in der Woche. Die Patienten und die Ärzte sind entspannt. Die einen, weil sie nicht behandelt werden, die anderen, weil sie sich locker ohne Eile und ohne ehrfurchtvolles Gefolge bewegen können. Zeit für gute Gespräche und echten Erfahrungsaustausch. Gelegenheit, auch Anliegen vorzubringen: *zum Beispiel »Der Langzeitpatient, der Herr. K., scheint eben den Klinikkoller zu kriegen. Der müsste mal wieder für ein paar Tage nach Hause, um sich von der anstrengenden Behandlung zu erholen.« Oder: »Die Patientin B., um die Sie sich so sehr sorgen, zeigt erste Anzeichen neu erwachender Hoffnung. Ich glaube, die wird wieder gesund werden.«* Sicher tun solche Gespräche beiden Seiten gut.

Es ist Dienstag. Am Freitag folgt der Heilige Abend. Schon kurz nach sieben Uhr spricht mich ein verzweifelter Vater auf dem Flur an. *»Morgen soll bei meinem Sohn das 2. Bein amputiert werden. Wie wird der das aushalten. Er ist doch erst 24 Jahre alt.«* Ich kenne den Fall. Sein Auto ist auf einen Panzer geprallt, der plötzlich aus einer Seitenstraße herausschoss. Das eine Bein war nicht mehr zu retten. Um das andere kämpfen die Ärzte seit Monaten. Rasch eile ich zum Chefarzt, um ihn noch vor Beginn der ersten Operation zu erwischen. *»Ja«*, sagt er, *»das steht absolut fest. Der OP-Plan ist schon gemacht.«* Nun ringen wir zwei miteinander. Eine Behandlung des umstrittenen Beines wird mindestens eineinhalb Jahre dauern. Eine Garantie für das Gelingen gibt es nicht. Werden die Nerven des jungen Mannes das aushalten? Seine Familie wohnt 300 km entfernt. Er weiß um das Risiko, und ich überzeuge den Professor, dass er die Prozedur aushalten wird. Egal wie sie ausgeht. Natürlich verspreche ich, mich ganz besonders um ihn zu kümmern. Hurra, die Operation wird gestrichen. Das schönste Weihnachtsgeschenk für den Betroffenen und seine Familie. – Die Behandlung dauert so lange wie vorausgesehen. Danach folgt die Reha. Ein Jahr später fährt der junge Mann mit dem eigenen Auto bei uns vor zur Nachuntersuchung. Das Bein ist verheilt. Auf der anderen Seite trägt er eine gutsitzende Prothese. Zu Hause arbeitet er wieder voll mit. Er fährt LKW und Traktor. Er geht tanzen und mit seinem Behindertensportverein wird er demnächst an einer Landesmeisterschaft teilnehmen. Ich denke, wenn ich einmal sonst nichts Besonderes werde vorweisen können, wird dieses Bein für mich vielleicht einmal der Schlüssel zum Paradies.

Es mag lächerlich klingen. Aber ich habe immer das beglückende Gefühl, dass vom Glanz ihres fachlichen Könnens und der menschlichen Größe »meiner« Chefärzte auch so ein ganz kleiner Schimmer auf mich herabstrahlt.

OPERATIONEN

Eine schwere Operation wirkt auf den, der vor ihr steht, meist wie eine dunkle, niederdrückende Last.

Meine Aufgabe ist es, diesem Geschehen ein menschliches Gesicht zu geben, es zu einem fassbaren Ereignis zu machen, das man nicht nur körperlich sondern auch seelisch verarbeiten kann.

Dazu gehört, dass ich dem Patienten sagen kann: *»Diese Operation habe ich schon selbst miterlebt. Die machen unsere guten Ärzte ein paar Mal jeden Tag. Sie gelingt immer. Ich habe noch nie erlebt, dass jemand daran gestorben ist. Auch Sie werden sie gut überstehen.«*

Natürlich bleibt auch dann noch Furcht, aber nicht mehr eine alle Vernunft auslöschende Angst. Und auch die wird noch kleiner, wenn wir dann zusammen beten, für den Patienten,

für die Hand der Operateure und für die helfenden Hände der Schwestern und Pfleger.
Es ist aufregend, bei diesem Vorgang auf einem kleinen Schemel hinter dem Chefarzt zu stehen, und ihm über die Schulter zu schauen. Wenn der Professor das Herz aus der Brust nimmt und es für mich hoch hebt, damit ich sehe, was der Herzinfarkt zerstört hat, und wo jetzt die Bypässe gelegt werden.
»Geh mal weg« sagt der weltberühmte Chef zu seinem dritten Assistenten, der nach der Prostata-OP beginnt, die Naht anzulegen. *»Ich will dem Pfarrer einmal zeigen, wie schön man so eine Wunde vernähen kann. Normalerweise macht man sich ja bei älteren Menschen nicht mehr so eine große Mühe. Das macht man nur bei jungen Frauen, damit sie bald wieder einen Bikini tragen können.«*
Dann näht er sicher und flink die Wunde zu. Ich lasse mir später von dem 70-jährigen Operierten die Naht zeigen und sage ihm: *»Diese wunderschöne Lochstickerei auf ihrem Bauch verdanken Sie mir.«*
Auch eine komplizierte Bauchoperation verursacht selbst beim Zusehen weiche Knie. Aber dem Patienten werden so viele weitere gesunde Jahre geschenkt.
Elegant entfernt der Chefarzt mit sicherer Hand einen tischtennisballgroßen gutartigen Tumor aus dem Hals einer jungen Patientin. Es ist Donnerstag. Als ich sie am Freitag besuche, ist sie gut erholt. Sie sagt, dass sie am

Montag wieder arbeiten wird. Auf meine Einwände hin meint sie. *»Ich bin selbstständig. Eine längere Pause kann ich mir nicht leisten. Sonst laufen die Kunden weg, und die Schulden laufen davon.«*

Locker und gelöst plaudern der Oberarzt und ich, während er einen Gang mitten in das Gehirn des Patienten legt. Später wird eine kleine Fernsehkamera eingeschoben. Anhand ihrer Bilder wird später der Professor mit einer kleinen Sonde den Tumor abtragen. Diese ganze OP dauert 13 Stunden. Plötzlich wird der Oberarzt ernst. *»Jetzt müssen wir ruhig sein. Vermutlich werde ich gleich eine wichtige Hirnschlagader verletztzen. Dann habe ich 12 Sekunden Zeit, sie wieder zu verschließen. Sonst ist der Patient tot.«*

Natürlich gelingt der Eingriff, und am nächsten Morgen sitzt der frisch Operierte an der Bettkante und frühstückt. – Solche Operationen sind erst seit der Erfindung der Kernspintomographie möglich. Der eben geschilderte Eingriff dauert inzwischen nur noch 3 bis 4 Stunden.

Weniger spektakulär, aber auch äußerst spannend sind Operationen an der Wirbelsäule.

Ganz anders entwickeln sich die Operationen nach Unfällen. Wie aus den zersplitterten Knochen wieder eine Schulter, eine Knie oder ein Bein wird, kann man sich kaum vorstellen.

Toll sieht das Bein eines Mopedfahrers aus. Am Anfang hilft der Chef mit, dann dürfen die beiden Oberärzte allein weitermachen. Sie tun das mit sichtlichem Stolz. Wir sind alle dick bleiverhängt. Die OP geschieht unter ständiger Röntgenüberwachung. Nach zwei Stunden werden die beiden Helden immer ruhiger. Das Bein sieht schon ganz ordentlich aus. Aber offensichtlich fehlt mittendrin ein Stück.

Sie fangen an zu zögern und zu überlegen, wann man am besten den Chef zu Hilfe rufe. Wenige Minuten später ist er da. Er schaut sich das Operationsfeld an. *»Ja, meine Herren, Sie haben völlig recht. So geht es nicht. Machen Sie alles wieder ab.«* Alles mühsame Schrauben und Kleben von zwei Stunden wird wieder abgebaut. Jetzt sagt der große Chef: *»Ich muss sofort zu einer Operation in der Neurochirurgie. Schwerste Schädelverletzungen.«* – Zum OP-Pfleger: *»Rufen Sie dort an, und sagen Sie, ich komme 10 Minuten später.«* Obwohl ich ihn mehr als nur schätze, denke ich: *»Du Angeber, zwei Stunden haben die beiden guten Ärzte im Schweiß ihres Angesichts vergeblich gearbeitet. Du willst das in wenigen Minuten richten? – Du bist ja noch nicht mal umgekleidet und desinfiziert.«* Das macht der OP-Pfleger mit gewohnter Routine. Er steht in der Hierarchie des Operationssaales gleich hinter dem Chef und noch vor dem Oberarzt.

Der Chef verlangt jetzt eine ganz bestimmte Platte. *»Mit der geht es nicht.«* sagen beide Ärzte wie aus einem Mund. *»Ich werde es Ihnen zeigen.«* kontert der Chef.
Er fast nach zwei Zangen, dreht die Platte um eine Viertel, legt sie an das kaputte Bein und zieht zwei Schrauben ein. Oben und unten. 8 Minuten sind vorbei: *»Machen Sie jetzt weiter«* sagt der Chef und verabschiedet sich.
Als ich eine Woche später den Operierten auf dem Flur herumbummeln sehe, denke ich: *»Du hattest Glück, dass der Chef nicht gerade auf einem Kongress war. Sonst hättest du für den Rest deines Lebens hinken müssen.«*
Gegen 21.00 Uhr kommt der leitende Oberarzt zu einer Patientin. Sie ist 1000 Kilometer weit her gekommen, um in Gießen operiert zu werden. Der Arzt, der bei ihr sitzt, ist der einzige in Deutschland, der diese Operation erfolgversprechend durchführen kann. Er schaut in seinen Terminkalender. *»Für die nächsten 14 Tage bin ich schon verbucht. Sie müssten aber möglichst sofort operiert werden. Wenn es Ihnen recht ist, werden wir die OP gleich jetzt machen. Natürlich unter der Voraussetzung, dass ich das recht umfangreiche Team zusammen bringe.* Alle haben einen anstrengten Tag hinter sich. Alle müssen morgen wieder auf der Matte stehen. Trotzdem sagt niemand ab. Die OP dauert von 23.00 bis 4.00. Um 6.30 ist der Oberarzt wieder da. Spätestens um 7.00 beginnt sein Chef mit der er-

sten OP. Und er erwartet, dass seine Leute sehr zeitig da sind.
Solche Ereignisse erklären, warum wir manchmal auf unsere Ärzte warten müssen.
Operationen können auch andere Ergebnisse bringen, als man erwartet hat. Einer Frau hatte man gesagt, ihre dritte Niere müsse entfernt werden. Nach der OP erklärt man ihr: *»Das war keine dritte Niere, sondern ihre kleine Schwester. Eigentlich sollten Sie Zwillinge werden, wahrscheinlich Siamesische. Sie hatten die robustere Natur, die sich durchgesetzt hat.«*
Ein junger Herzarzt wird von seinem Oberarzt nachts angerufen. *»Kommen Sie rasch her, wir wollen eine Autotransplantation durchführen.« – »Aber Herr Professor. Da habe ich doch gar keine Erfahrung.« – »Erfahrung hat da niemand. Diese Operation wird heute Nacht zum ersten Mal in Europa durchgeführt.«*
Ein junger Mann leidet an einem Tumor am Herzen. Der sitzt so ungünstig, dass er so nicht operiert werden kann. Also nimmt der Arzt das Herz heraus. Legt es auf einen Teller, dreht es um und entfernt den lebensgefährlichen Tumor. Dann wird das Herz wieder eingepflanzt.
14 Tage später begegnet mir der junge Mann munter und fröhlich auf dem Klinikflur. Er besucht seine Braut, die gerade eine Leistenbruch-OP hinter sich hat.
Die alte Dame hat schreckliche Angst vor einer relativ kleinen Lungenoperation. Ich ver-

suche ihr gut zuzureden. Da sagt sie: *»Die größte Angst habe ich vor dem, was nach der Operation passiert. Vor zwei Jahren wurde mir der Blinddarm entfernt. Danach war ich ein paar Stunden lang völlig verwirrt. Ich hatte Angst, den Verstand zu verlieren. Und der Chefarzt sagte mir: ›So etwas darf nie wieder passieren‹. Darum habe ich Angst dass ich morgen vielleicht verrückt werde.«* Ich lache und sage ihr: *»Dieser Chefarzt ist sicher ein guter Operateur. Menschlich ist er ein Versager. Was Sie da erlebt haben, begegnet den meisten Operierten in irgendeiner Form. Man nennt das ein Durchgangssyndrom. Das Gehirn spürt die Belastung und schaltet für eine Weile ab. Man kann alles erkennen, aber nichts richtig koordinieren. Das dauert ein paar Stunden. Dann geht es spurlos vorbei.«*

Weinend fällt mir die Dame um den Hals. *»Da haben Sie mir wirklich geholfen. Jetzt habe ich keine Angst mehr.«* Am nächsten Abend ist sie wieder auf ihrem Zimmer, munter und froh.

Damals wissen nur wenige in der Ärzteschaft und dem Pflegepersonal von diesem Phänomen. Heute ist es allgemein bekannt.

Unendlich viel größer als die tollsten Operationen ist das Ereignis einer Geburt. Einmal darf ich dabei sein. Ein kleines Mädchen kommt zur Welt. Es ist eine anstrengende Geburt, bei der der Vater sich als großartiger Helfer, ja als Mitwirkender erweist. Sonst erzählen mir die jungen Mütter gewöhnlich, welche Anstrengung sie aufwenden müssen, damit der werdende Vater die Belastungen während der Geburt einigermaßen überstehen kann. Dann der Höhepunkt, der Augenblick, wo das kleine Köpfchen erscheint und das Wunder »Kind« in den Händen der Hebamme liegt.

Heute herrscht eine ganz besondere Stimmung. Es ist die erste Geburt, bei der die junge Hebamme helfen darf, überwacht von einer erfahrenen Kollegin. Die anwesende junge Frauenärztin ist wenige Wochen vorher selbst Mutter geworden und steht noch ganz im Bann dieses heiligen Geschehens.

Jetzt verstehe ich ein wenig von dem, was eine kesse Schwesterschülerin meint, als sie mir sagt: *»Was seid ihr Männer für armselige Geschöpfe. Ihr könnt nie das überwältigende Wunder erleben, das da heißt, ein Kind zur Welt zu bringen.«*

Wenige Minuten später krabbelt der muntere kleine Säugling auf dem Bauch seiner glükkstrahlenden Mutter herum und tastet schon eifrig nach den Quellen des Lebens. Es dauert noch eine Weile, bis sie sich ihm erschließen werden.

Acht Jahre später treffe ich zufällig die Mutter. Sie erzählt begeistert von dem hübschen aufgeweckten Mädchen, zu dem sich der entzückende Säugling von damals entwickelt hat.

Die drei Intensivstationen

Bevor man eine Intensivstation betritt, muss man eine Schleuse passieren. Dort legt man Schutzkleidung an.
Hier deponiere ich auch meine schwarze Aktentasche, gefüllt mit meinen frommen Zeitschriften. Rund 1000 Exemplare teile ich jeden Monat aus. Sehr oft werde ich aufmerksam gemacht: *»Ihre Tasche steht da draußen. Haben sie nicht Angst, dass sie gestohlen wird?«* Immer antworte ich das Gleiche: *»Absolut nicht. Das ist eine Tasche voll lauter frommer Sprüche. Wenn die einer klaut und hinein sieht, wird er sie voller Entsetzen schnell wieder hinstellen. Sollte er sie aber doch mitnehmen, all die heiligen Worte lesen, sich danach bekehren und ein guter Christ werden, das wäre doch ein toller Erfolg.«* Beides ist nie eingetreten.
Wenn ich die Station betrete, ruft gewöhnlich einer der Pfleger: »Um Himmels Willen. Hier geht alles drunter und drüber. Die Hölle ist los. Und jetzt kommt auch noch der Pfarrer. Der hat uns gerade noch gefehlt!«
Da weiß ich, dass ich angekommen und willkommen bin. Denn nur, wer in irgendeiner Weise zum Team gehört, wird auch geneckt.

Wer unwillkommen ist, erfährt das ganz anders. Der wird schlicht und einfach, aber deutlich hinausgeekelt.

Zuerst gehe ich bei den Allgemeinchirurgen zu den Einzelräumen mit den Betten 1 und 11. Dorthin führt der kürzeste Weg von der Stationszentrale. Da liegen meist die Schwerstkranken. Da können Sekunden lebensentscheidend sein.

Seit einer Woche liegt hier ein Familienvater. Eines seiner Kinder ist behindert. Seine Angehörigen brauchen ihn. Ich kenne ihn seit vielen Operationen. Er ist gläubig. Wir beten viel zusammen. Auch mit den Angehörigen, wenn sie da sind. Als ich herauskomme, fragt mich der wachhabende Narkosearzt: *»Wie gefällt Ihnen heute unser Patient Nummer 1?«* – *»Gar nicht«* antworte ich wahrheitsgemäß. *»Dann gehen Sie gleich noch einmal zu ihm hinein und versuchen Sie ihn festzuhalten. Heute fällt die Entscheidung. Wenn er heute Abend noch lebt, wird er noch einmal nach Hause kommen. Aber bis jetzt sieht es gar nicht danach aus.«* Ich gehe zurück, hole mir einen Hocker und sitze lange still bei dem Patienten, bete für ihn und die Seinen und halte seine Hand. So fest er nur kann, klammert er sich an mich. Dann schläft er plötzlich ganz ruhig ein. Die Messgeräte zeigen verbesserten Puls und Blutdruck an. Rasch hole ich den so besorgten Anästhesisten. Erstaunt schaut er auf den Pa-

tienten und sagt zu mir: *»Danke, ich glaube wir haben es geschafft!«*
Etwas beruhigt gehe ich hinüber zum Bett Nr. 11. Dort liegt ein hübsches Prinzesschen. Eine echte kleine Schönheit. Ein Millionärstöchterchen. Sie hatte einen schweren Verkehrsunfall und schwebte lange zwischen Licht und Dunkel. Nun hat der Prozess der Heilung mit Macht eingesetzt. Sogar die Gesichtswunden verheilen und deuten an, dass nur kaum sichtbare Narben zurückbleiben werden. Der Haken ist, sie glaubt das nicht und will unbedingt sterben. Ohne ihre verlorene Schönheit kann sie nicht mehr leben. Alle Versicherungen, dass die unversehrt erhalten bleiben wird, lehnt sie brüsk als verlogene Schönrederei ab. Sogar ihr Freund, der rasch im Privatjet eingeflogen wird, und der ihr seine bleibende Liebe versichert, kann daran nichts ändern. Da fällt mir meine altbewährte Taktik ein. Ob sie wohl auch hier bei diesem eitlen jungen Dingelchen wirken wird? *»Sie haben doch jetzt viel Zeit, während der Sie hauptsächlich über ihre verlorene Schönheit nachgrübeln.«* Traurig nickt sie mir zu. *»Sind Sie bereit, einen Teil davon für den Vater eines behinderten Kindes zu opfern?«* Wieder das Nicken. Nun sehr eifrig. *»Er liegt drüben auf der anderen Seite. Mehr als eine Woche lang hat er täglich für Sie gebetet, während Sie zwischen Himmel und Erde im Koma lagen. Nun sind Sie über dem Berg, und er steckt gerade heute in ei-*

ner schweren Krise. Gott allein weiß, ob er sie überstehen wird. Könnten Sie nun ein bisschen für ihn beten?« Wieder das eifrige Nicken.

Dann gehe ich zu den Betten 12 bis 14, um dort Freudenbotschaften zu verbreiten. Denn hier, am weitesten von der Zentrale entfernt, liegen die Patienten, denen es am besten geht, und die bald auf die Normalstation verlegt werden können.

Dorthin läuft mir der besorgte Narkosearzt nach. *»Was haben Sie bloß mit der Kleinen im Bett 11 angestellt. Die hat sich ja um 180 Grad gedreht. Die lacht jetzt fröhlich und freut sich auf zu Hause. Wahrscheinlich kann sie heute noch in ihre Heimatstadt geflogen werden. Daran war heute Morgen noch nicht zu denken. Wie haben Sie das geschafft?«* Ich lächle und sage: *»Das ist halt die Macht der Gnade. Ich kann sie nur erbitten und anbieten. Aufzwingen kann ich sie nicht. Sie wird vor allem den Menschen zu teil, die nicht mehr allein an sich selber und ihre Nöte denken, sondern am Schicksal anderer helfend anteilnehmen.«* Tatsächlich sehe ich sie nicht mehr. Sie wird noch am gleichen Tag heimgeflogen. Auch der Mann aus der »1« darf bald für ein paar Wochen nach Hause. Dann muss er zur Weiterbehandlung wieder kommen.

Nun gehe ich von Zimmer zu Zimmer, von Bett zu Bett. Besonders behutsam bei denen, die wach sind. Ich frage zuerst, ob sie mich ertragen können, und sage ihnen ganz ehrlich:

»Wenn ich da an Ihrer Stelle liegen würde, wollte ich wahrscheinlich nicht von einem nerventötenden Pfarrer gestört werden.« Erstaunlicherweise lehnt nur ganz selten jemand meinen Besuch ab. Ich lasse die von brennendem Durst geplagten Patienten mal ein Schlükkchen von ihrer Ersttagsration an Wasser nehmen. Wegen des zugefügten Kaliums schmeckt es ohnehin scheußlich. Mancher ekelt sich davor. Dann verrate ich ihm, dass es auch anders geht. Er solle auf den gelb/weißen magenresistenten Kaliumkapseln bestehen. Sie sind auch gut, wenn auch nicht ganz so wirksam wie die wasserlöslichen Brausetabletten. Das trägt mir manchmal einen tadelnden Blick der Schwester ein. Aber schließlich muss sie mir recht geben. Er braucht ja das Kalium, und wenn er das Wasser gänzlich verweigert, bekommt er nur das in der Infusion beigefügte lebenswichtige Spurenelement.

Ich streiche mit den feuchtigkeitsenthaltenden Lutschstäbchen über die Lippen, feuchte ein Papiertaschentuch mit Wasser an und lege es auf den Mund des Kranken. Wenn ich an seiner Körpersprache und vor allem an den Vitalwerten der Geräte sehe, dass es aufwärts geht, mache ich das Papier so feucht, dass auch ein paar Tropfen in den Mund gelangen und das Leiden lindern. Falls mich der Chefarzt dabei erwischt, klopft er mir dankbar und aufmunternd auf die Schulter.

Auch einen armen Milliardär aus dem Ausland treffe ich. Er ist katholisch, aber er sagt mir, dass er keinen Gott brauche. Er könne sich mit seinem Geld alles kaufen, auch die Gesundheit. Damit irrt er sich gewaltig. Als er wenige Tage später stirbt, bietet er vorher jedem, der sein Leben auch nur um einen einzigen Tag verlängern kann, dafür eine Million an. Vergeblich.
Ich erlebe die Intensivstation nicht als Ort des Schreckens, sondern als Ort des Lebens und der Hoffnung. Einer meist erstaunlich raschen Genesung nach schweren Unfällen und großen Operationen. Der Preis dafür ist hoch. Letzter, anstrengendster Einsatz von ärztlichem und pflegerischem Personal. Viele halten den harten Dienst nur wenige Jahre lang aus. Dennoch braucht es gerade dort auch Menschen mit langjähriger Erfahrung.
Nicht immer führt der Weg zur Heilung. Am Bett eines 50-jährigen Verstorbenen steht recht betroffen der junge Arzt. *»Armer Kerl«* murmelt er *»wir hätten Dich so gerne gerettet.«* – *»Nein«* entgegne ich. *»Er ist kein armer Kerl, sondern ein Glückspilz. Ein armer Kerl wäre er gewesen, wenn es Ihnen gelungen wäre, ihn wieder auf die Beine zu stellen. Der erfährt jetzt das Glück des Himmels. Wie der gute Schächer am Kreuz (Lukas 23, 42–43) hat er praktisch in letzter Sekunde mit einem flehenden Blick zu unserem Erlöser die große Umkehr seines Lebens vollzogen. – Wie lange hätten Sie ihm denn gege-*

ben, wenn er hier herausgekommen und wieder auf der Straße gelandet wäre, beim Zustand seiner von Alkohol und Heroin zerfressenen Organe?« – »Vielleicht ein halbes Jahr.« – »6 Monate auf der Straße, um danach in einer Toreinfahrt elendiglich zu krepieren. – Meinen Sie nicht, dass es ihm da, wo er jetzt ist, besser geht?« – »Ja, wenn man das so sieht, haben Sie recht.« meint ein sehr nachdenklich gewordener Mediziner. Die langen, kräftezehrenden Liegezeiten von damals gibt es heute nicht mehr. 66 Tage vergehen einst, bis ein Familienvater auf die Normalstation verlegt und bald darauf nach Hause entlassen werden kann. Aber er ist nicht der Rekordhalter. Das ist ein älterer und wie man mir sagt, strenger und gefürchteter Lehrer. 84 Tage liegt er im Koma. Jeden Tag habe ich seine Frau an seinem Bett angetroffen. Trotz schwindender Hoffnung haben wir jeden Tag miteinander um seine Genesung gebetet. Als er endlich wach wird, steht sie fassungslos und heulend da: *»Als ich mich überglücklich zu ihm beugte, hat er mich angeknurrt und mir den Rücken zugekehrt. Was ist da geschehen?« – »Seien sie unbesorgt, das geht ganz schnell vorbei. Das ist Ausdruck seines Zornes und seines Kampfes gegen die Krankheit. Der richtet sich gewöhnlich gegen seinen liebsten Menschen. Sich gegen Ärzte oder Pfleger zu wenden, dazu ist er zu feige. Kommen Sie, wir beten, dass sich die Genesung rasch fortsetzt.«* Das tut sie auch. Die beiden wohnen im Umfeld von

Gießen. Oft begegnen sie mir auf dem Seltersweg. Arm in Arm wie Jungverliebte schlendern sie daher, und beide lächeln mir strahlend zu.

Ganz anders und sehr rasch wendet sich das Schicksal eines gerade frisch am Herzen Operierten von höchster Lebensgefahr zu plötzlicher Rettung. Das verdankt er dem eigentlich unfassbaren Einsatz eines jungen, aber schon sehr erfahrenen Pflegers, der auch ein sehr guter Arzt hätte werden können.

Der Patient ist gerade aus dem OP gekommen. Er wird routinemäßig, rasch und kompetent versorgt. Da stutzt ein Pfleger plötzlich, unterbricht den gewohnten Betreuungsablauf und ruft rasch den wachhabenden Narkosearzt herbei. *»Du, bei dem stimmt etwas nicht. Schau mal da, hörst und siehst du denn nichts?«* Nein, der junge Arzt kann nichts Auffälliges feststellen. Er geht weg. Der Pfleger hat doch eigentlich vorbildlich seine Pflicht erfüllt. Er kann nun ganz beruhigt sein. Das ist er aber gar nicht. Im Gegenteil. Jetzt ruft er den diensthabenden Kardiologen (Herzarzt).

Es folgt die gleiche Prozedur. Mit dem gleichen Ergebnis. Auch der entdeckt keinen Grund zur Beunruhigung. Nun ist der Oberarzt der Anästhesisten an der Reihe. Wieder nichts. Dem Pfleger fällt ein, dass der Oberarzt der Herzchirurgen heute nicht selbst operiert, sondern einem Neuling assistiert, um dort bei Problemen sofort eingreifen zu können. Stur und recht grob ruft er ihn vom OP-Tisch weg. Der kommt auch. Er kennt die Kompetenz des Pflegers. Nicht vergeblich bespricht der Chef oft mit ihm die Vorgehensweise bei komplizierten Operationen und vertraut Patienten mit kritischer Situation seiner besonderen Fürsorge an. Der darf ihn zu jeder Tages- und Nachtzeit ungerügt herbeiholen. Notfalls aus dem Bett. Leider ist der Chef heute bei einem Kongress. Tatsächlich entdeckt nun endlich der Oberarzt einen Befund. Aber der ist harmlos. Er wendet sich ab, um rasch in den OP zurückzukehren, wo er dringend gebraucht wird. Da ruft ihm der Pfleger nach: *»Wenn es das wäre, was Sie meinen, würde das Signal hier unten liegen. Es liegt aber weiter oben.«* Mürrisch kehrt der Arzt zurück und prüft nach. Plötzlich wird er blass. *»Sie haben recht. Sofort in den OP. Er muss gleich von mir nachoperiert werden.«* Da rettet der fast unbegreifliche Einsatz eines aufmerksamen Pflegers einem Patienten das Leben.

Diese Geschichte wird für mich zum Standardbeispiel im Berufsethikunterricht für das Thema »Verantwortung der Pflege für das Wohl der Patienten« – Natürlich füge ich dann lächelnd hinzu: *»Das bedeutet aber nicht, dass eine Pflegeschülerin im ersten Lehrjahr nach der Visite dem Chef auf die Schulter klopfen und ihm sagen soll: ›Na ja, Herr Professor, was Sie da erklärt haben, klingt ja ganz gut, aber ich bin völlig anderer Ansicht.‹«*

Eng war es in den alten Intensivstationen. Bis zu sechs Patienten in einem Zimmer. Wenn man sich über den einen Patienten beugte, schubste man den anderen im Nachbarbett mit dem Po.
Auch Merkwürdigkeiten passieren dort immer wieder. In den 16 Jahren habe ich ganze drei Tetanuspatienten erlebt. Alle innerhalb von sechs Wochen. Eine alte Rumpelkammer musste für das zusätzlich notwendige Intensivbett frei gemacht werden.
Einmal lagen im Dreierzimmer nebeneinander drei Patientinnen mit Lungenembolie. Alle mit dem gleichen katholischen Vornamen Maria (evangelisch Marie). Daraufhin habe ich allen bedingungsweise die heilige Krankensalbung gespendet. Tags darauf stehe ich gerade bei der Ersten, als sie erwacht. Ich stelle mich vor, und sie sagt eilig: *»Da will ich aber sofort die Krankensalbung.«* Ich sage ihr, sie habe sie zwar gestern schon bekommen, aber wegen der Würde von Mensch und Sakrament werde ich sie heute gern noch einmal wiederholen.
Es ist Mai, und in der Neurochirurgie liegen zwei fromme ältere Damen, denen es recht gut geht. Da improvisieren wir zusammen eine Maiandacht. Wir singen: »Maria Maienkönigin, Meerstern ich dich grüße, Segne du Maria, und beten dazwischen die lieben und vertrauten Mariengebete.« In den Nachbarbetten herrscht andächtige Stille, und alle, die zurzeit

hier arbeiten, schleichen einmal her und hören recht verdutzt eine Weile zu.
In der gleichen Station bittet am Heiligen Abend ein Patient um einen Besuch und ein Gebet. Schlucken kann er noch nicht. Aber ich bringe ihm nach der bescheidenen Christmette einen Tropfen vom heiligen Blut Jesu Christi und lege es ihm auf die Lippen. Seine Frau ist da, und wir singen zusammen »Stille Nacht«, »Es ist ein Ros' entsprungen« und »O du Fröhliche«. Ein wenig flüstert er mit.
Als ich den Mann nach einigen Jahren wieder treffe, erzählt er mir, dass sei der wohl ergreifendste Augenblick seines Lebens gewesen. An den er zumindest an jedem Weihnachtsfest erinnert werde. Die große Gehirnoperation hat er übrigens gut überstanden.
Auf Intensivstationen gibt es manche Probleme. Zum Beispiel: *»Wie hat gestern Schalke 04 gespielt?«* fragt ein Herzpatient gleich, als er nach der Narkose wach wird. Keiner weiß es. Er ist empört. Da komme ich dazu und kann ihn erlösen. *»Sie haben 2:0 gewonnen.«* – Wenigstens einer, der sich ganz gewiss über den Besuch des Seelsorgers freut.
Oft kann ich mitteilen, dass die Operation in dem geplanten Umfang durchgeführt werden konnte und dass sie gut gelungen ist. Manchmal hatten die überforderten Ärzte noch gar keine Zeit, dies den bang und gespannt Wartenden zu erklären. Im OP-Bericht gibt es eine Spalte, wo Komplikationen eingetragen

werden. Wenn sie leer ist, zeige ich sie den Patienten als Beweis, dass alles gut vorüberging. Auch die beanspruchte Zeit darf ich mitteilen. Ihre Kürze weist auch auf den glatten Verlauf der OP hin. Aus den Blut- und Lungenwerten kann man vieles herauslesen. So sage ich einer Patientin, dass sie wohl in einem Gesangverein gesungen hat, und dem gut erhaltenen 60er, dass er sicher früher Fußball gespielt hat, und dem Mann in mittleren Jahren, dass er vermutlich Trompete bläst. Solche Angaben stimmen fast immer, und erregen einige Überraschung. Auch eine kleine Ablenkung von der Last der nachoperativen Phase. Wenn sich Angehörige noch nicht gemeldet haben, kann ich Nachrichten übermitteln.
Einmal gerate ich allerdings an die Falsche. Die junge Mutter hat beim Kaiserschnitt viel Blut verloren und wird in die chirurgische Intensiv verlegt. Jetzt leidet sie sehr unter dem dann gewöhnlich folgenden Tief. Dazu fehlt ihr natürlich das Kind. Als ich ihr sage, dass dies morgen besser sein wird, schreit sie böse: *»Sie Quatschkopf, wie können Sie einfach so dummes Zeug behaupten. Sie wissen doch gar nichts.«* Stattdessen erwidere ich: *»Oh doch, ich weiß sehr viel. Beispielsweise über die Entwicklung ihres Zustandes. Außerdem habe ich gehört, dass Ihr Kind in der Kinderintesivstation ist, und dass es ihm überdurchschnittlich gut geht. Beim Kind ist auch Ihr Mann, den sie so sehr vermissen.«* Versöhnt ist sie noch nicht.

Erst als ich Vater und Kind auf einem Unterirdischen Schleichweg herbeihole und zu ihr bringe, ist die Welt auch für sie wieder schön. Sie bedankt sich und entschuldigt sich.
In der engen Küche spricht ein Arzt mit dem Verteidigungsministerium. Er braucht einen Hubschrauber für den Transport eines Kindes aus der Dritten Welt, das nur bei uns operiert werden kann. Das geschieht damals oft und immer kostenlos. Das Kind muss vom Flughafen abgeholt werden. Der Staatssekretär lehnt den Hubschrauber ab. Er hat dafür keine Kompetenz. Scharf antwortet der Arzt: *»Ich weiß, Sie stehen im Generalsrang. Und da haben Sie nicht einmal die Kompetenz, einen Hubschrauber zu bewegen. Ich muss Ihnen sagen, Herr Staatssekretär, Sie tun mir leid.«* Er knallt den Hörer auf die Gabel. *»Dann müssen wir halt den VW Bus einer Gießener Pfarrei herrichten für einen Nottransport.«* Da klingelt das Telefon. Nachricht vom Ministerium. Wir erhalten den Hubschrauber. – Zurück zum Flugzeug kann das Kind auf eigenen Beinen gehen.
Eine junge Patientin hatte durch einen Verkehrsunfall schwerste innere Verletzungen. Der Bauch ist voller Schmutz und voller Keime. Sie ist sehr tapfer. Ihr Kleinster ist gerade ein Jahr alt. Er braucht seine Mutter. Nach 27 Operationen mit Vollnarkose innerhalb von 42 Tagen ist ihre Kraft erschöpft. Sie will aufgeben. Ich frage die Ärzte. Ja, wenn sie mit-

hilft, hat sie noch eine Chance. Mit dieser Auskunft gehe ich zu ihr. Und ich muss noch oft zu ihr gehen, mit ihr reden, und ihr zuhören, bis dieses absolute Tief überwunden ist. Drei Monate bleibt sie noch auf der Normalstation, bis sie sich einigermaßen erholt hat.
Mehrere Jahre später begegnen mir auf dem Flur der Chirurgie fünf äußert modern aufgemachte junge Frauen. Ich will ihnen ausweichen. Da schert eine von ihnen aus, kommt auf mich zu und fällt mir um den Hals. Die anderen sind entsetzt. Noch mehr, als sie hören, dass der so innig Begrüßte ein katholischer Pfarrer ist. Was für ein Skandal für moderne junge Frauen. – Ja, es ist wirklich meine Patientin von damals.
Anfangs gibt es manchmal Probleme mit den Pflegern. Wenn sie mir mit einem Toten auf der Bahre begegnen, rufen sie mir zu: »Arbeit für Sie, Herr Pfarrer.« Ich antworte: *»Nein. Nicht für mich, nur noch für den Totengräber. Arbeit für mich seid Ihr. Allerdings, Eure Bekehrung ist Schwerstarbeit. Der Verstorbene da, der ist jetzt in besseren Händen als in Euren und in meinen.«*
Natürlich komme ich, wenn ich gerufen werde zu jeder Tages- und Nachtzeit. Alles andere bleibt dann stehen und liegen. Klar, wenn man um 3.30 Uhr zu einem schwerverletzten Zwanzigjährigen nach seinem Motorradunfall gerufen wird, und dann mit seinen Angehörigen sprechen muss, schläft man nicht

mehr ein. Um 6.00 Uhr ist ohnehin die Nacht herum, und um sieben Uhr beginnt der 10- bis 12-Stunden-Tag in der Klinik.

Die heilige Krankensalbung ist ein kostbares Geschenk der Gnade Gottes. Eine starke Hilfe für Menschen mit schweren körperlichen und seelischen Leiden. Das Wirken der Liebe des Herrn setzt aber die Offenheit der Empfangenden voraus.

Oftmals wurde ich aufgefordert, Angehörigen die »Letzte Ölung« zu spenden, aber so, dass sie davon ja nichts merkten, weil sie sich nicht aufregen sollten, oder weil sie ohnehin dagegen waren. Ich bin auf Schlafende zugeschlichen und habe ihnen mit dem heiligen Öl ein Kreuz auf die Stirn gemacht. Wenn sie erschrocken aufwachten, habe ich irgendeine dumme Ausrede gemurmelt. Oder ich wurde gar aufgefordert, dem Sakramentsunwilligen bei der Begrüßung rasch unbemerkt eine wenig Öl an die Hand zu streifen und die Spendenformel dazu zu flüstern.

Das sind magische Vorstellungen. Missbrauch des Sakramentes.

Ich entscheide, dass außer bei jähem Tod eine Zustimmung geäußert werden muss. Zumindest implizit. Zum Beispiel wenn ein Patient regelmäßig die heilige Kommunion empfängt. Wenn er aber seit acht Wochen krank ist, und sich nie für religiöse Betreuung interessiert, oder diese gar strikt abgelehnt hat, ist er für

den Empfang der Krankensalbung nicht disponiert.
Den Teams in den Intensivstationen habe ich alles viel drastischer erklärt: »Ich komme jederzeit und sofort, wenn Sie mich rufen. Aber ich gerate nicht in Verzweiflung, wenn ich einmal nicht erreicht werde.
Sie glauben doch gewiss nicht, das einer der sein ganzes Leben lang ein Lump war, durch ein Tröpfchen Öl, das ihm ein Priester eine halbe Stunde nach seinem Tod auf die Stirn zeichnet, plötzlich in ein Engelchen verwandelt wird. So doof ist der liebe Gott nicht.
Andererseits, wenn ein Mensch sich sein Leben lang bemüht, mit Gottes Hilfe in seiner Liebe zu leben. Dann wird er bestimmt nicht in die Hölle kommen, weil er an einem Herzinfarkt stirbt, und der Klinikspfarrer den Piepser nicht hört, weil er gerade im Schwimmbad herumpaddelt. So grausam ist Gott wiederum auch nicht.«

GOTTESDIENSTE

Bis zur Vollendung des Neubaus der Chirurgie feiere ich den Sonntagsgottesdienst im Hörsaal des Altbaus. Da ich nicht gern Lasten trage, lege ich meine Gesangbücher dort in einen Schrank mit der Aufschrift: Medizinische Geräte. Niemals habe ich in all den Jahren dort etwas anderes gesehen als meine Gesangbücher. Auf ihre Art ja auch medizinische Hilfsmittel.

In der Frauenklinik hat mir der Chef in seinem persönlichen Medizinschrank der Privatstation ein Fach für die Gesangbücher frei geräumt. Dort liegen sie nun friedlich zusammen mit Chemotherapien, Opiaten und Antibiotika. Nicht weniger wirksam. Aber stets ohne Nebenwirkungen.

Ihren Platz in der Med. Poli. finden sie nach langem hin und her schließlich im Kühlschrank für leicht verderbliche Medikamente. Eigentlich ein wenig angemessener Ort für Gesangbücher. Denn die sind schließlich unverwüstlich.

Jeden Freitagabend stürme ich nach der letzten Vorlesung in den Hörsaal. Dort hat ein intelligenter Architekt die Heizkörper hinter

der obersten Sitzreihe des steil ansteigenden Raumes angebracht. Darum herrschen kurz nach dem Einschalten dort oben Temperaturen von 60 Grad, während die fleißigeren Studenten unten nahe dem Pult des Professors mit ihm zusammen über eiskalte Füße klagen. Es sind die gleichen Schmerzäußerungen, die ich auch am Sonntagmorgen von meinen Gottesdienstbesuchern höre, wenn ich die Heizung erst am Samstag angedreht habe.
Die heilige Messe ist dort im wahrsten Sinn des Wortes ein bewegender Gottesdienst. Denn fast immer nehmen auch ein paar frisch an der Bandscheibe Operierte teil. Sie dürfen sich nicht setzen. So stelle ich für sie das Verlesungspult in den Gottesdienstkreis. Dort stehen sie tapfer, müssen aber von Zeit zu Zeit ein paar Schritte hin und her laufen, um den postoperativen Schmerz in den Griff zu bekommen.
Manchmal nimmt auch eine Schwester oder ein Arzt wenigstens für ein paar Minuten am Gottesdienst teil. Dann ruft sie der Piepser schon wieder weg. Einmal kommt sogar ein Professor mit seinem Sohn. Beide werden am Nachmittag getauft. Der »längste« Unfallpatient blieb damals 53 Monate bei uns bis zu seiner relativ guten Heilung. Wenn man mehrere Jahre im Krankenhaus verbringen muss, dann kann sogar der Gottesdienst zu einer willkommenen Abwechslung werden. Freilich können die Frommgewordenen nicht sel-

ber gehen. Arme und Beine hängen in Strekkverbänden. An abenteuerlichen Galgenvorrichtungen, mit schweren Metallplatten belastet. So muss ich sie samt Bett in den Gottesdienstraum schieben. Die Kollegen sitzen auf dem Flur herum und schauen verlegen oder auch spöttisch auf den merkwürdigen Transport. Es geht langsam und vorsichtig voran. Denn schon das kleinste Anecken löst böse Schmerzen aus.

Ich rufe zu den Zuschauern hinüber: *»Schaut, das ist der Vorteil des Klinikpfarrers. Wenn eines von seinen Schäfchen nicht in die Kirche gehen will, schiebt er es einfach samt Bett dort hin. Wehren kann es sich ja nicht.«*

Im Neubau gibt es jetzt einen schönen Andachtsraum. Damals machen wir aus der Not eine Tugend. Wir treffen uns zur Messfeier auf dem offenen Flur immer dort, wo die meisten Besucher in der Nähe untergebracht sind. Da wirken wir als lebendige Verkündigung. Weder zu übersehen noch zu überhören.

Die Gottesdienste haben alle einen besonderen Charakter. Da ist einmal die Grundprägung, die in Mess- und Predigtgestaltung stets berücksichtig werden muss. Ein Teil der Mitfeiernden hat eine schwere Operation vor sich und schwankt zwischen Angst und Hoffnung. Bei anderen ging alles gut vorbei. Sie leben im Geist schon bei ihren Lieben zu Hause. Die, die den schwersten Weg hatten, und denen es nun oft am besten geht, stelle ich meist besonders vor. Eine echte Ermutigung für die, die vielleicht vor dem gleichen Eingriff zittern. Toll, wenn man sagen kann: *»Der hatte vor vier Tagen die gleiche Operation, die Sie vor sich haben. Schauen Sie, wie gut es ihm geht. Übermorgen wird er entlassen.«*

Und dann die dritte Gruppe. Das sind die, für die es keine guten Ergebnisse gibt. Vielleicht niemals geben wird. Viele, die seit Jahren immer wieder zur Behandlung kommen müssen. Die nur durch ständigen, tapferen Kampf gegen die Krankheit eine Chance zum Weiterleben erhalten.

Die Stimmung ist entsprechend sehr verschieden. Alle wollen in ihrer eigenen Situation angesprochen werden. Alle sind jetzt besonders weich und sehr verletzlich. Nur mit Gottes Hilfe gelingt es, alle Klippen zu umgehen und jedem das Gefühl zu vermitteln: »Ich bin von Gott getragen. Ihm allein kann ich vertrauen.«

Die Gottesdienste sind grundsätzlich offen und ökumenisch. Immer kommen Gläubige aus mehreren verschiedenen Richtungen zusammen. Am Rekordsonntag sind unter den knapp 20 Besuchern fünf christliche Konfessionen vertreten. Evangelische Landeskirche und freie Kirche, katholische und orthodoxe Kirche und ein paar aramäische Christen. Dazu kommen zwei Hindus, zwei Muslime und ein Buddhist.

Für die letzteren lege ich bei der Gabenbereitung einige Hostien extra und beziehe sie nicht in die Konsekration ein. Das erkläre ich auch deutlich. Den Hindus und den Buddhisten reiche ich sie als Brot des Lebens, und den Muslimen als Mahl von Ibrahim und Melchisedek. Das ist ihnen vom Koran her vertraut (Gen. 14, 1–24).
Immer sind auch einige Neubekehrte vertreten. Ich erinnere mich an einen Sonntag, an dem unter 15 Besuchern vier Männer und eine Frau mitwirkten, die zusammen genau 220 Jahre keinen katholischen Gottesdienst mehr mitgefeiert hatten. Das weiß ich aus den vorangegangen Beichtgesprächen.
Der Weg dorthin ist manchmal recht verschlungen. Ein Mann sagt mir, ich darf ihn zwar besuchen, aber von Gebet, Gottesdienst oder gar von Beichte dürfe keine Rede sein. So bleibt es auch beim zweiten Besuch. Beim dritten meint er, eigentlich könne er doch mal zur Messe kommen. Aber natürlich ohne heilige Kommunion. Das geschieht zweimal so. Danach sagt er: *»Im Grunde ist es ja blöd, einfach nur so dabei zu sitzen und zuzuschauen. Wissen sie was. Ich mach mal wieder nach 70 Jahren eine richtige Beichte. Und ich freue mich auch auf die heilige Kommunion.«*
Er ist ein Kommunikationsgenie. Jeden kann er ansprechen, zum Lachen bringen, ermutigen und trösten. Als er munter und quietschfidel entlassen wird, gibt es reichlich Tränen.

Nicht nur bei den Patientinnen und bei vielen Schwestern, sondern sogar auch bei mir.
An jedem Sonntag bin ich genau wie am Werktag außer donnerstags um 7.00 Uhr in der Klinik. Ich besuche nochmals alle, die sich zum Gottesdienst angemeldet haben. Dann richte ich den Behelfsaltar und Sitzgelegenheiten her, besorge Rollstühle für die, die nicht gehen können. Und das fordert schon manchmal Spezialkenntnisse über die von den Schwestern angelegten Geräteverstecke und viel Durchsetzungsvermögen. Denn ihre sorgsam gehüteten Schätze geben sie nicht gerne her. Ehrensache, dass ich sie wieder zurückbringe und Voraussetzung für deren Nutzung am nächsten Sonntag.
Der Gottesdienst beginnt immer um 8.00 Uhr. Das klappt ganz gut zwischen Frühstück und Visite. Und vor allem liegt er aber lange vor dem Ansturm der Besucher. Außerdem habe ich so die Möglichkeit, Vertretungen in den Gemeindengottesdiensten zu übernehmen.
Nur einmal muss ich den Gottesdienstanfang auf später verschieben. In der Nacht hat es Eisregen gegeben. Die Straßen sind spiegelglatt. Sogar die Taxen weigern sich zu fahren. Tapfer streife ich Glatteisreifen über die Schuhe und mache mich frühzeitig auf den Weg. Erleichtert komme ich rechtzeitig in der Klinik an.
Als ich vor meinem Spind stehe, fällt mir ein, dass der Schlüssel dazu in meinem alten Golf

liegt. Im Spind liegt die Tasche mit Kelch, Messbuch usw. Demütig nehme ich vor Gott meine Dummheit als Buße an, gehe durch die Stationen und gebe die Verlegung des Gottesdienstes auf 9.00 Uhr an. Dann mache ich mich unverdrossen, oder vielleicht doch ein bisschen verdrossen, auf den Heimweg. Inzwischen waren die Streufahrzeuge unterwegs, so dass ich den zweiten Weg zur Klinik im Pkw samt Schlüssel antreten kann.

Traurig verabschiedet sich am Freitag ein Patient von mir. *»Schade, ich wäre so gern am Sonntag noch einmal in die Heilige Messe gekommen. Aber ich werde morgen entlassen.«* Beim sonntäglichen Rundgang durch die Stationszimmer, um die Schwestern über den Verbleib ihrer Kranken zu informieren, falls doch mal die Visite früher beginnt, werde ich in der Station dieses Patienten von lachenden Schwestern empfangen. Sie rufen: *»Stellen Sie sich vor, Ihr Freund ist noch da. Er hat gestern beim Oberarzt durchgesetzt, dass er bis heute nach der Messe bleiben darf.«* Das ist natürlich beste Reklame und hebt ungemein das Ansehen der Klinikseelsorge.

Manchmal schwindet auch wieder der Mut, wenn der Messanfang näher rückt. Erst recht wenn um diese Zeit ein Formel-1-Rennnen übertragen wird. Gerade verhandle ich in der Urologie mit zwei solchen Wackelkandidaten. Da blicken sie erlöst auf. Die hübsche junge Ärztin kommt zur Visite. Scheinheilig bedauern sie, dass sie jetzt unmöglich zum Gottesdienst gehen können. Das hört die freundliche Dame, die zu meinen Lieblingsärztinnen gehört und lacht: *»Das könnte Euch so passen, Ihr Halunken. Gerade Ihr habt den Segen Gottes besonders nötig. Marsch in den Gottesdienst!«* Mit leicht hängenden Köpfen trotten die Beiden mit. – Ich verspreche noch rasch der Ärztin, dass ich heute ganz besonders innig für sie beten werde.

Nach einer Messfeier im psychiatrischen Krankenhaus gehe ich als Vertretung zum Studentengottesdienst. Ich erzähle den andächtig Versammelten nach der Predigt, dass ich die gleiche Ansprache kurz zuvor für die Geisteskranken gehalten habe. Das war das letzte Mal, dass ich zu einem Gottesdienst der Studentengemeinde gerufen wurde.

Meist kommen mehr Männer als Frauen. Oft nehmen achtzig, ab und zu sogar neunzig Prozent der gehfähigen Katholiken aus den erreichbaren Stationen am Gottesdienst teil. Das erwähne ich in einer Gießener Pfarrgemeinde und füge hinzu: *»Stellen Sie sich vor, das würde jetzt hier sonntags passieren, Das wäre eine schöne Katastrophe. Die Kirche wäre viel zu klein.«*

Eine liebe alte Dame, die schon lange nicht mehr gehen kann, möchte so gern die heilige Messe mitfeiern. Per Rollstuhl geht das ganz gut. Während der Gabenbereitung flüstert sie mir zu: *»Ich muss dringend auf die Toilette.«*

Als Sanktuslied stimme ich an: »Allein Gott in der Höh'«, ein schönes, allgemein bekanntes und vor allem langes Lied. So kann ich die notleidende Patientin rasch in die nahe Behindertentoilette fahren. *»Soll ich eine Schwester rufen?«* flüstere ich. *»Nein, ich komme allein gut zurecht.«* Passend zum Ausklang des Liedes stehe ich wieder am Altar. Zum »Agnus Die« stimme ich die zweite Strophe an, und hole mein Sorgenkind wieder ab. Alles klappt, und strahlend empfängt sie die heilige Kommunion.
Nachher meint doch so ein vorlauter Teenager: *»Für diese Messfeier wäre doch das Wort ›schismatischer Gottesdienst‹ eine durchaus zutreffende Bezeichnung gewesen.«*
Ich bin überzeugt, dass Gott alle Menschen als seine Kinder liebt. Dass er ihre Gebete erhört. Auch wenn sie ihn mit fremden Namen nennen. (Jona 3 und 4)
Er will, dass alle Menschen gerettet werden (1 Tim. 2, 4)
Aber genauso klar gilt auch Tim 2, 5: »Nur einer ist unser Mittler. Jesus Christus.« Durch ihn werden alle Menschen erlöst. Auch wenn sie ihn nicht kennen, aber nach seinen Geboten leben wie der barmherzige Samariter.
(Lk 10, 36 und 37)
Dreißig Tage lang bete ich mit einem Türken und seinen drei unmündigen Kindern täglich vor der Intensivstation um das Leben ihrer Mutter. Die Diagnose ist glasklar. Für diese

Frau gibt es mit den Mitteln der Medizin keine Rettung mehr. Der Mann meint: *»Die Ärzte sagen, unsere liebe Mutter muss sterben. Aber es gibt noch jemand über den Ärzten. Wenn er sie uns nimmt, müssen wir uns fügen.«* Das ist kein Fatalismus, sondern Annahme. *»Aber er kann sie uns auch wiedergeben. Und darum beten wir.«* Und ich bete mit ihnen. Dreißig Tage lang. Dann schlägt die Frau die Augen auf. Aber jetzt will sie sterben. Ihre Kräfte sind verbraucht. Das Leben scheint aus ihrem blassen, schmalen Körperchen hinauszuschleichen. Was tun? Sie ist ja als Muslimin zum Gehorsam gegen uns Männer erzogen. Darum schreie ich sie an. *»Inschallah, wenn Gott will, dürfen Sie sterben. Nicht wenn Sie wollen. Los, falten Sie die Hände.«* Vor lauter Aufregung vergesse ich, dass Muslime eine andere Gebetshaltung pflegen. Zitternd gehorcht sie. Wir beten zusammen zu Allah um ihre Genesung. Jeden Tag. Immer mit gefalteten Händen. Bald lacht sie schon, wenn ich zur Tür hereinkomme und legt gleich die Hände ineinander. Am 12. Tag wird sie auf die Normalstation verlegt und bald darauf entlassen.

In der Männerstation der Unfallchirurgie ist es leichter, ein paar Dosen Bier aufzutreiben, als einen Blumenstrauß. Da steht tatsächlich einer. Ich frage gleich, ob ich ihn am Wochenende als Altarschmuck verwenden darf. Das leichte Zögern auf dem Gesicht des Blumenfreundes weicht rasch einem Lächeln der Zustimmung, wenn ich ihm sage: *»Sonst hält ja die Kirche immer fest, was sie einmal ergattert hat. Aber bei mir ist das anders. Gleich nach dem Gottesdienst bringe ich ihre Blumen zurück.«* Falls sie von der Freundin stammen, ist das natürlich besonders wichtig.

Dann werden diese Blumen die ganze Woche sehr gut gehegt und gepflegt. Damit sie am nächsten Wochenende noch einmal dem Altar dienen können. Ob der Heiland sich nicht gerade über diese Blumen besonders freut?

Zwei richtige Skinheads locke ich in den Gottesdienst. Und setze sie gleich als Ministranten ein. Sie sind tief beeindruckt und wollen am nächsten Sonntag wieder kommen. Das haben sie wohl auch ihren Kameraden erzählt. Denn die sitzen am Sonntag gleich zwanzig Mann hoch um ihre Freunde herum, damit diese ja nicht noch einmal einer solchen Verlockung verfallen.

Ein Patient verabschiedet sich nach dem Gottesdienst. Er darf heute heim: *»Hoffentlich bricht meine Frau nicht ein Bein, wenn ich heimkomme,«* sagt er.

»Warum denn das?« – »Wenn ich ihr erzähle, dass ich nach 40 Jahren wieder gebeichtet und kommuniziert habe, springt die bestimmt mit gleichen Beinen zwei Meter hoch in die Luft.«

Ein anderer Patient sagt nach dem Gottesdienst: *»Die Kirche macht einem das Katholischsein manchmal ganz schön schwer.«* Ich antworte: *»Ja, die katholische Kirche ist halt* *wie eine Ehefrau oder ein Ehemann: Man kann sie nur ertragen, wenn man sie liebt. Trotzdem befallen einen manchmal Scheidungsgelüste.«*

Fehler im Beruf

Vor mir liegen zwei sympathische Handwerksmeister. Beim Reden kommen wir auf Fehler im Beruf.

Ich beginne mit einem Erlebnis aus der Frauenklinik. Im Dreierzimmer begegnet mir eine handfeste, aber reizende Dame von etwa achtzig Jahren. Eine echte oberhessische Bäuerin. Ich frage sie, ob sie schon operiert ist, und sie antwortet lebhaft: *»Herr Parrer, wann aich schon operiert wier, do derfte sei mich jetzt amol dricke un kisse.«* Ich merke mir, sie liegt im dritten Bett. Am übernächsten Tag gehe ich zufällig an diesem Zimmer vorbei. Da kann ich der Versuchung zu einem deftigen Spaß nicht widerstehen. Ich klopfe und betrete das Zimmer. Da liegt die Patientin in ihrem Bett am Fenster. Von der Tür aus rufe ich ihr zu: *»Sind Sie schon operiert?«* *»Ja«* antwortet sie fröhlich. Ich stürme auf sie zu, umarme sie,

drücke sie ganz fest und gebe ihr einen herzhaften Schmatz auf die Wange. Die Dame schaut mich sehr verdutzt an. Das ist nämlich eine andere Patientin die in dieses Bett verlegt ist. Zum Glück hat sie sich schnell wieder gefasst, nachdem ich ihr den Zusammenhang erklärt habe. Mit den Augen zwinkernd versichert sie mir, dass sie die Attacke ein wenig genossen habe. Schmunzelnd fügt sie hinzu, allerdings habe sie als evangelische Christin doch bisher ganz andere Vorstellungen von den Seelsorgsmethoden der katholischen Pfarrer gehegt.
Dann berichtet der Schreinermeister. Er baut Fertigküchen ein. Am Vorabend wird die Arbeit eingeteilt. Der Chef sagt eindringlich. *»Der Dr. Walter Kamps in der Siedlung bei Nürnberg will, dass seine Küche morgen eingebaut wird. Er hat sich eigens Urlaub genommen. Er will beim Einbau dabei sein.«* Ein wichtiger Kunde. Denn die Luxusküche soll 130.000,– DM kosten. Eine Wucht. Nachtigallenstraße 67 prägt sich unser Freund ein.
Am Morgen finden sie gleich die Straße. Aber die Häuser sind noch nicht nummeriert. Da ist ein Schild an einem der Häuschen. »Dr. Walter Kamps« Hier sind sie richtig. Sie klingeln. Der Eigentümer macht auf. *»Dr. Walter Kamps? Nr. 67?« »Nein, Nr. 76«* Ach ein Zahlendreher. Das kann passieren. *»Schön, dass das heute mit dem Einbau klappt. Ich muss gleich weg. Hier sind die Schlüssel.«* Die Män-

ner haben eine Menge zu tun. Schränke müssen umgebaut werden, Schrankwände und Arbeitstische werden zurechtgeschnitten. Am Abend sind sie fertig. Es geht zurück in die Werkstatt. Dort wartet schon ein wütender Chef. *»Wo habt ihr gesteckt? Der Dr. Kamps ruft alle 10 Minuten an. Der kocht vor Zorn. Er hat den ganzen Tag vergeblich auf Euch gewartet.«* Jetzt geht den Betroffenen langsam ein Licht auf. In der gleichen Straße gibt es zweimal einen Dr. Walter Kamps. Nicht mit einander verwandt. Der eine Nr. 67 der andere Nr. 76. Beide haben bei der gleichen Firma eine Küche bestellt. Die des einen für 130.000,– DM die des anderen für 20.000,– DM. Dem haben sie die Luxusküche eingebaut. Sie ist jetzt so zugeschnitten, dass sie in ein anderes Haus nicht mehr passt. Sie muss neu angefertigt werden, und der andere Kamps zahlt trotzt aller Beschwörungen und Kompromissangebote nicht mehr als 20.000,– DM. So hatte er ja seine Küche bestellt. – Wie gut das es jetzt das Handy gibt.
Der zweite Handwerksmeister lächelt. Er sagt. *»Bis jetzt habe ich noch keinen Fehler gemacht. Das ist auch gut so. Denn in meinem Beruf kann man nur ein Mal einen Fehler machen.«* – Klar, er ist Starkstromelektriker.

Ein Schlitzohr

Der Landwirt aus der Wetterau war gesprächig und freundlich. Bei unserer Unterhaltung kamen wir auch auf seinen Hausarzt zu sprechen, den er als kompetenten, aufmerksamen, geduldigen und auch frommen Mann schildert. Er sagte: *»Sei, Herr Parre, sei misse ja glaawe, was se do prerrische. Sei wern defir bezoald, awwer inser Dokter, des is en gescheide Kirl, wann der des glaabt, do muss was dru soi.«* Eine Feststellung, deren Wahrheit mir auch schon während meiner Zeit als Gemeindepfarrer in Butzbach und Wölfersheim bewusst geworden war. Ein gläubiger Hausarzt, der nicht unbedingt ein großer Kirchengänger sein muss, ist eine starke Hilfe für den Seelsorger. Denn er ist ja für viele Menschen ein Vorbild. Umgekehrt trägt auch die Arbeit des Pfarrers, Hand in Hand mit dem Arzt, zum Wohl der Patienten bei. Vor allem bei der Sorge um den innere Frieden, Betreuung, Pflege und Heimplatzbesorgung, und schließlich bei der Sterbebegleitung.

Ein komischer Name

Ein knapp 60-jähriger Russlanddeutscher trägt einen ganz komischen Namen. Noch nie habe ich so etwas Ähnliches gehört oder gelesen. Ich frage ihn, wie er zu diesem Kuriosum gekommen ist, und höre eine traurige Geschichte. Er ist Wolgadeutscher. Nach Kriegsausbruch wird seine Familie nach Sibirien verschleppt. Der Vater wird abgeholt und bleibt spurlos verschwunden. Als die Deutschen sich Moskau nähern, wird er mit seiner Mutter und der ganzen Bevölkerung ihres früheren rein deutschen Dorfes an den Ob transportiert und auf ein Schiff verfrachtet. Am nördlichen Eismeer sollen sie angesiedelt werden. Auf dem Schiff werden alle Namen registriert. Der Achtjährige läuft zur Mutter und sagt: *»Mama, der Mann da hat einen ganz komischen, verrückten Namen für mich aufgeschrieben.« »Dann lauf gleich hin und lass ihn berichtigen!« Mitleidig lächelnd wendet sich der Amtsträger dem Kind zu. »Bub, da wo Ihr hingeht, werdet ihr alle bald sterben, und da ist es egal, unter welchem Namen Du enden wirst.«*

Fünf Sakramente

Die nächste Patientin kommt aus Kasachstan. Ursprünglich aus der Ukraine. Sie trägt den deutschen Namen Weber. Auch sie erzählt eine lange Leidensgeschichte. Auch hier wird der Vater verschleppt und geht verloren. Als die Großmutter, die Mutter und der kleine Säugling in der zugewiesenen öden Gegend in Kasachstan ankommen, naht schon der Winter. Aus mitgebrachten Decken und Kleidern bauen sich die Verschleppten behelfsmäßige Zeltunterkünfte. Der Kommandant beschlagnahmt alles und lässt die wenigen Habseligkeiten abreißen und wegschaffen. Mit den Händen scharren die armen Menschen flache Senken in den harten Boden, um wenigstens dem eisigen Wind ausweichen zu können. Viele sterben bei Winterbeginn. Dann dürfen sie sich einfache Blokhütten bauen, die auch mit einem offenen Feuer beheizt werden können. Von der kargen Kartoffelration sparen sie Saatgut für das Frühjahr. Ab Herbst geht es ihnen dann besser. Sie werden satt an Kartoffeln und können sogar einige gegen andere lebensnotwendige Güter eintauschen.

Die Mutter leitet in der kärglichen Hütte einen kleinen Gebetskreis, der sich regelmäßig zum Rosenkranz trifft. Das wird denunziert, und die Mutter daraufhin zu 27 Jahren Zwangsarbeit verurteilt. Die Oma muss das zweijährige Mädchen großziehen. Die lehrt sie die wichtigsten Gebete, sogar das Glaubensbekenntnis, und anhand dessen, die Kernaussagen unseres Glaubens. Aber sie traut sich nicht, das Kind zu taufen. Sie hat Angst, das größer werdende Mädchen könne sich im Kindergarten oder in der Schule verplappern. Und so ist sie bis heute ungetauft. Niemand hat sie in dieser Richtung gefragt. Ihre eigenen Kinder sind selbstverständlich getauft. Aber sie praktizieren ihre Religion kaum. Die Frau weiß mehr vom Glauben als viele Getaufte. Täglich betet sie von klein an. Nach kurzer Vorbereitung taufe ich sie. Am gleichen Tag spende ich ihr nach Vorschrift des Kirchenrechts die heilige Firmung und die heilige Kommunion. Zum Kennenlernen und als Einübung führe ich mit ihr auch ein Beichtgespräch und spende ihr die Lossprechung. Was ja sonst wegen der Taufe nicht erforderlich wäre. Zum Abschluss empfängt sie die heilige Krankensalbung wegen der bevorstehenden Operation. Fünf Sakramente an einem Tag.

EINSAME HERZEN

Die Patientin erholt sich rasch von einer verhältnismäßig leichten Kopfoperation. Nur eine kaum merkbare Lähmung im Gesicht ist zurückgeblieben. Eigentlich müsste sie doch froh und dankbar sein. Stattdessen ist sie sehr traurig. Ja richtig depressiv.

Nachdem ich lange geduldig gewartet habe, beginnt sie endlich zu erzählen. Sie ist sehr einsam nach dem frühen Tod ihres Mannes. Um sie abzulenken, überredet eine Freundin sie zu einem gemeinsamen Urlaub auf Mallorca. Da wird die Freundin krank und kann nicht mit. Jetzt ist sie dort noch viel einsamer als zu Hause.

Jeden Tag sitzt sie am Strand auf ihrer Decke und wartet auf den Abend. Nach drei Tagen entdeckt sie einen jungen Mann, in zehn Meter Entfernung, ebenfalls allein auf seiner Decke. Betroffen vom gleichen Schicksal. Sie freunden sich an, lernen sich lieben und heiraten. Dann der große Schlag: Kopfschmerzen, gutartiger Gehirntumor und leichte Gesichtslähmung. Sie sieht sich entstellt, und obendrein meint sie, ihr Mann fühle sich von ihr hereingelegt. Langsam kann er sie von seiner Liebe überzeugen. – Ihn lerne ich nicht kennen. Aber zwei Jahre später besuche ich einen sehr sympathischen Patienten, der mir die gleiche romantische Geschichte erzählt. Es ist der mir damals unbekannt gebliebene Ehemann. Er berichtet, wie glücklich sie miteinander sind, und wie sehr sie Gott zu danken haben, der sie auf dem Umweg über Mallorca aus großer Traurigkeit und Einsamkeit in die gemeinsame Freude geführt hat.

Ein echtes Christkind

Die junge Mutter ist im fünften Monat schwanger. Die Diagnose für das Kind lautet: Hoffnungslos. Bald wird es sterben und dann wohl die Mutter mit in den Tod reißen. Alle Verantwortlichen drängen auf eine Abtreibung. Widerstrebend stimmt die Mutter zu. Sie ist selbst vom Fach und weiß, dass es keine Aussicht auf Rettung gibt. Im OP ist alles vorbereitet. Auf der Bahre wird sie dorthin gefahren. Unterwegs ruft sie plötzlich. *»Halt! Das Kind will leben. Es strampelt mächtig in meinem Bauch Bringt mich zurück in* *mein Bett.«* Alle, wirklich alle im ärztlichen und pflegerischen Bereich erklären sie für verrückt und wenden sich von ihr ab. Ich bleibe ihr einziger Ansprechpartner. Obwohl auch ich kaum Aussicht auf Rettung sehe. Und obwohl sie sonst wahrhaftig mit der Kirche nichts am Hut hat. Auf einmal bessert sich der Zustand des Kindes. Niemand kann verstehen warum. Man sagt: »Am 1. Tag der 27. Woche gibt es einen Kaiserschnitt.« Ich warte zwei Tage darüber hinaus, bis ich zur ihr gehe. Da liegt sie unverändert im Bett. Nichts ist geschehen. Die Besserung hat angehalten. Fünf Wochen später, am Heiligen Abend wird ein prächtiger, gesunder kleiner Bub ganz normal geboren. Ein bisschen zu früh, aber topfit. Er braucht nicht einmal beatmet zu werden. Ich habe in der Klinik viel erlebt, was jedes Begreifen übersteigt, aber dieser Vorgang sprengt alle Grenzen des menschlichen Wissens.

A BLUE BABY

Am Mittwoch kurz vor 18.00 Uhr werde ich angepiepst. In der Kinderklinik soll ein so genannter »Blauer Säugling« getauft werden. Es wird bald sterben.

Eilig gehe ich los. Solche Wege sind die schwersten im Krankenhaus. Blass liegt das zarte Kindchen im Brutkasten. Bläulich schimmern die Äderchen durch die dünne Haut. Eines der Kinder, die laienhaft gesagt, mit einem halben Herzen geboren werden. Sie haben keinen getrennten Blutkreislauf für Körper und Lunge. Das verbrauchte Blut fließt großteils wieder zurück in den Körper. So ist Leben nicht möglich. Nur mit einer äußerst komplizierten Operation kann dieser Schaden behoben werden. Unser Oberarzt zählt zu den wenigen Ärzten in der ganzen Welt, die diesen Eingriff perfekt beherrschen. Auch dieses Kind hat er untersucht und festgestellt, dass die Voraussetzungen für diese Operation bei ihm leider nicht gegeben sind.

Ich taufe den Kleinen. Er wird fast erdrückt von der Last der Schläuche und zittert unter dem Druck der Beatmung. Die Eltern sind tief bewegt und erschüttert.

Ich fordere die Mutter auf, zu dem Kind ganz sanft und ruhig zu sprechen. Beim Klang der vom Mutterleib her vertrauten Stimme entspannt sich der zarte Säugling und schläft schließlich sogar ein. Die Eltern wollen noch eine Weile bleiben. Ich muss mich verabschieden. Höchste Zeit für den Gottesdienst in der Onkologie der Frauenklinik. Ich verspreche, dass wir dort jetzt gleich für den kleinen Neugetauften ganz innig beten werden. Nachdem ich die Verspätung erklärt und mich entschuldigt habe, beten alle mit für das sterbende Kind. Frauen, die selber schwer krank sind. Manche wissen, dass die anstrengende Behandlung ihr Leben zwar verlängern, aber die Krankheit nicht endgültig heilen kann.
Am Freitag muß ich wieder in die Kinderklinik. Zweimal habe ich schlecht geschlafen. Die Gedanken und Gebete sind bei dem kranken Kind. Jetzt will ich nachsehen, was aus ihm geworden ist. Ich gehe zu seinem Bettchen in die Intensivstation und erstarre. Da liegt ja ein ganz anderes Kind. Rosig, strampelnd und lächelnd. Noch genug Schläuche, aber das Beatmungsgerät hat man entfernt. Ich frage die Schwester. *»Gestern in aller Frühe kam der Oberarzt, hat ein OP-Team zusammengetrommelt und gesagt: ›Ich versuche es doch mit dem Kleinen. Wir müssen gleich ran. Die anderen OP's kommen ja auch noch‹. Nun, der Erfolg liegt buchstäblich und unübersehbar vor Ihnen.«*

Wie im Traum wandere ich zurück in die Chirurgie. Unterwegs begegnet mir der Herzoberarzt. Warum hat er den gefährlichen Eingriff doch noch gewagt? Er lächelt. *»Eigentlich war das beim Zustand des Kindes völlig unmöglich. Aber die Gedanken an ihn und seine Eltern haben mich die ganze Nacht kein Auge schließen lassen. Da bin ich ganz früh aufgestanden und habe die Operation gewagt. Gott hat mir dabei geholfen.«* Er ist Muslim. Und ich bin überzeugt: Wenn er und ich von Gott sprechen, dann denken wir an den gleichen Inhalt.

Der grosse Manager

Es ist Sonntagvormittag, 11.00 Uhr. Ich bin seit 7.00 Uhr da und möchte jetzt gern nach Hause. Der Stationsarzt der Herzchirurgie sagt: *»Im Zimmer vier liegt ein Patient. Der braucht sicher Ihren Zuspruch.«* Der ansonsten gute Arzt hat einen Fehler. Er liebt recht üble Scherze. So bin ich schon vorbereitet und keineswegs verwundert, als nach meiner Vorstellung der besagte Patient in bösartiger Manier faucht: *»Einen Pfarrer, den brauch ich jetzt am* *wenigsten. Hauen Sie ganz schnell ab.«* Höflich und herzlich bedanke ich mich und sage: *»Das freut mich aber sehr. Da komme ich doch heute wahrhaftig einmal rechtzeitig zum Mittagessen nach Hause.«* Und wende mich eiligst zum Gehen. Verdutzt kontert er: *»Nun ja, wenn Sie schon mal hier sind, können Sie auch eine Minute bleiben. Da kann ich Ihnen sagen, was ich von Ihrer Kirche, dieser miesen, geldgierigen Einrichtung halte.«* Ich versichere ihm, dass auch ich keineswegs immer von meiner Kirche begeistert bin.

Da schaut der Stationsarzt vorsichtig kurz zur Tür herein und verschwindet rasch wieder. Der Patient hat ihn gesehen und sagt: *»Das ist vielleicht eine Karikatur von einem Arzt. Den habe ich gerade total zur Minna gemacht. Den müsste man umgehend hinauswerfen.«*

Jetzt weiß ich welchen Umstand ich die Besuchsempfehlung des Arztes zu verdanken habe. Er wollte auch mir ein bisschen Anteil an der üblen Stimmung seines Patienten verschaffen. Der hat sich inzwischen beruhigt und fordert mich auf, mich zu setzen. Er erzählt von seinen Sorgen, Zweifeln und Ängsten. Von seinem ehrlichen Fragen und immer noch vergeblichen Suchen nach Frieden. Der Stationsarzt schaut immer mal wieder zur Tür herein und wirkt immer verwunderter. Er schickt einen Pfleger, der den Mann zu einer Röntgenuntersuchung abholen soll. Den jagt mein keineswegs zimperlicher und anscheinend hier äußerst respektvoll behandelter Gesprächspartner barsch und grob hinaus.

Nun kommt der Oberarzt. Er bittet den Patienten fast demütig, doch zu der notwendigen Untersuchung zu kommen. Der schreit ihn an: *»Sehen Sie nicht, dass ich mich mitten in einem wichtigen Gespräch mit dem Herrn Pfarrer befinde. Wie können Sie es wagen, uns zu unterbrechen.«*

Nun kommt der hohe Chef persönlich und sagt: *»Kommen Sie doch bitte. Die Untersuchung ist notwendig für Ihre morgige OP. Der Röntgenarzt will nach Hause gehen. Heute Nachmittag hat er keinen Dienst.« »Dann rufen Sie eben einen anderen Arzt.«* Knurrt der große Mann. *»Das Gespräch hier ist für mich jetzt wichtiger als Ihre ganze OP.«* Nichts zu machen. Wir reden noch lange weiter. Als ich mich dann doch endlich, begleitet von seinem Dank und von vielen guten Wünschen für meine Arbeit und für mich persönlich, von ihm verabschieden kann, zückt er sein Scheckbuch und will mir einen unterschriebenen Blankoscheck reichen. *»Sie können jeden beliebigen Betrag einsetzen. Ich werde noch heute meine Sekretärin beauftragen, die Bank morgen anzuweisen, dass er in jedem Fall ausgezahlt wird.«* Ich nehme ihn natürlich nicht an. *»Sie wollen doch nicht meinen geldgierigen Verein unterstützen. Es gibt so viele gute nichtkatholische Hilfsorganisationen. Jede wird sich* *über eine Spende von Ihnen freuen.«* Wir scheiden in gegenseitigem Wohlwollen. Aber zum Mittagessen komme ich doch wieder viel zu spät.

Sechs Kinder

Abgeklärt, humorvoll und ein bisschen distanziert lächelt mich der alte Herr an. Er erzählt eine tolle Geschichte, die auch in einer Familienserie des Fernsehens spielen könnte. Im Jahre 1909 heiratet in Gießen ein Kutscher aus der Rhön ein Dienstmädchen aus dem Westerwald. Beide sind katholisch. Beim Ausbruch des Ersten Weltkrieges haben sie schon fünf Kinder. Der Mann wird eingezogen und fällt nach vier Wochen.

Ein Berufskollege kümmert sich um die Witwe und heiratet sie schließlich. Ein sechstes Kind wird geboren. Auf Wunsch des Vater aber nun evangelisch getauft. Kurz darauf stirbt die Mutter. Der Ehemann ist mit sechs kleinen Kindern total überfordert. Die Verwandten in der Rhön nehmen sich der fünf älteren Kinder an. Vom sechsten, in ihren Augen ein Fehltritt, wollen sie nichts wissen.

Es ist der Erzähler an dessen Bett ich sitze. Er spricht von seinen Geschwistern, die immer mit ihm Verbindung gehalten haben. Eine sechzehnjährige Schwester wird in den Haushalt eines kinderlosen Ehepaares vermittelt. Die beiden betreiben in der Nähe einer hessischen Großstadt ein kleines Ausflugslokal. Viele von uns Älteren werden sich noch an ähnliche bescheidene Gaststätten erinnern. Es gibt dort Handkäs' mit Musik, Sauergespritzten für den Vater und Limonade für die Kinder. Ein Höhepunkt in ihrem bescheidenen Leben. Reichtümer sind da nicht zu verdienen. Eine ansehnliche Wiesenfläche und auch ein paar Äckerchen gehören zu dem kleinen Betrieb.
Die alten Leutchen gewinnen das Mädchen lieb, adoptieren sie und übergeben ihr die Gaststätte.
Inzwischen findet der Zweite Weltkrieg sein Ende mit Schrecken. Die Städte beginnen weit über ihre Grenzen hinauszuwachsen. Der ganze Besitz des einst so armen Mädchens wird zu teurem Baugelände. Das verkauft sie gut, baut mit ihrem Geld eine florierende Firma auf und wird eine der Reichsten unter den Einwohnern dieser Stadt.

SIEBEN KINDER

Die alte sudetendeutsche Frau ist glücklich, weil sie im Krankenhaus öfters die heilige Kommunion empfangen und sogar am Sonntag die heilige Messe mitfeiern kann. Zum Dank erzählt sie mir die Geschichte ihres Anfangs in der neuen Heimat. Als Kriegerwitwe mit sieben kleinen Kindern wird sie nach der bitteren Vertreibung und dem aufreibenden Transport mit vielen Leidensgefährten auf dem Schulhof einer kleinen Wetteraugemeinde abgesetzt.

Wer eine Familie aufnehmen muss, kommt vorbei und sucht sich möglichst gute Arbeitskräfte aus. Zuletzt sitzt da nach einem langen, hungrigen und trostlosen Tag nur noch die Frau mit ihren sieben Kindern. An denen hat natürlich niemand Interesse.

Da kommt tatsächlich ein gutmütiger älterer Landwirt und holt sie in sein geräumiges Haus. Seine liebe Frau füttert die acht Müden und Hungrigen erst mal tüchtig heraus. Die Dankbarkeit kennt keine Grenzen. Ein paar Jahre vergehen. Man hat sich zu guter Freundschaft zusammengefunden. Da wird der Bauer plötzlich schwer krank. Für länger als ein Jahr muss er in die Klinik. Seine erwachsenen Kinder sind weit weg und dort unabkömmlich. Der Älteste der sieben ist gerade 15. Er fährt Traktor wie ein Alter. Vom Krankenhaus aus angeleitet, übernehmen die Kinder sämtliche Arbeiten auf dem großen Hof, gemeinsam mit den beiden Frauen. So bleibt das Gut der Familie erhalten. Welch eine Fügung Gottes.

Opfer und Täter

Der alte Russlandveteran wartet 1992 auf seine OP. Es herrscht Unsicherheit über das, was in seinem Leib geschieht, und wie man dagegen vorgehen soll. Das CT-Bild zeigt einen deutlich abgegrenzten dunklen Schatten im Dünndarmbereich. Sein Bauch sieht aus wie ein Schlachtfeld. Im Donezbecken hat ein großer Granatsplitter seinen Leib aufgerissen und einige innere Organe schwer verletzt. Dass er überlebt hat, grenzt an ein Wunder. Von allen Ärzten wird er immer wieder bestaunt.

Vor ein paar Tagen ist er während des Kaffeetrinkens bei einer Familienfeier ohne vorherige Anzeichen plötzlich ohnmächtig geworden und zum Entsetzen aller Gäste vom Stuhl gefallen.

Schon am nächsten Abend ist das Rätsel gelöst. Man hat seinen zernarbten Bauch geöffnet und darin eine Mullbinde gefunden, die fast genau 50 Jahre vorher dort vergessen worden war.

Ein paar Zimmer weiter liegt ein noch älterer ehemaliger Stabsarzt, der den ganzen irren Russlandfeldzug mitgemacht hat. *»Das ist kein Wunder«, sagt er, »Sie können sich nicht vorstellen, unter welchen Bedingungen wir damals während den großen Kesselschlachten operiert haben. Der OP-Saal ist ein Zelt. Ein Notstromaggregat liefert ein dürftiges Licht. Ringsum schlagen ganz in der Nähe ständig Granaten ein. Jederzeit können wir getroffen werden. Eine lange Reihe von Verwundeten wartet draußen im Freien auf ihre Behandlung. Sie drohen zu verbluten. Es sind meist junge Leute so um die 20. Sofort muss entschieden werden, ob das verletzte Bein amputiert werden muss, oder ob eine notdürftige Wundversorgung es erhalten kann. Amputiere ich, mache ich ihn zum Krüppel, rette aber mit Sicherheit sein Leben. Erhalte ich das Bein, und wegen der Verschmutzung wird es brandig, stirbt er ebenso sicher in wenigen Tagen. – Gut das das alles vorbei ist.«*

Stille Helfer

Auch das gibt es im Krankenhaus. Zwei Patienten geben mir vor ihrer Entlassung ihre Visitenkarten. Sie sind bereit, in Fällen akuter Not auch mit größeren Summen zu helfen.
So gelingt es in zwei Fällen, Familien in kritischen Situationen beizustehen. Beide haben durch selbst verschuldete Unfälle mit Totalschäden ihre überlebenswichtigen Pkws verloren. Durch den Zusammenschluss der beiden Helfer mit mir können relativ kostengünstige Ersatzautos gekauft werden.
In einem anderen Fall steht eine fünfköpfige Familie vor dem totalen Zusammenbruch. Die Mutter durchleidet eine schwere Operation. Der Vater ist mit der Arbeit auf dem verschuldeten Hof voll ausgelastet. Zumal ihm die gewohnte Hilfe seiner Frau fehlt. Die Kinder sind zu klein, um zu helfen und zu groß, um den von der AOK bezahlten Einsatz einer Familienhelferin zu ermöglichen. Der Mann ist völlig verzweifelt. Es könnte zu einem Unglück kommen. Da bezahlen wir für die Dauer von Krankenhausaufenthalt und Reha der Mutter eine Haushaltshilfe.

Das hat einen nicht erwarteten und erst recht nicht beabsichtigten, aber natürlich willkommenen Nebeneffekt. Der Mann stimmt plötzlich der kirchlichen Trauung und der Taufe der Kinder zu. Beides hat er bisher verweigert.

2 x 95

Aktiv, agil und fröhlich feiert er heute am Anfang der Adventszeit seinen 95. Geburtstag. Ich gratuliere ihm, und er erzählt: *»Vor Weihnachten wird meine Frau auch 95 Jahre alt. Dazwischen haben wir noch ein besonderes Fest. Wir feiern Gnadenhochzeit, 70. Hochzeitstag. Ich hatte zwar mal eine Blinddarmoperation. Aber meine Frau ist noch nie von einem Arzt berührt worden.«*
Die fünf Kinder hat sie mit Hilfe der Hebamme geboren. Alle anderen Beschwerden wurden entweder von ihr selbst oder von der Gemeindeschwester behandelt.

Ein schöner Schäferhund

Von weit her ist die Patientin gekommen. Sehr lange bleibt sie hier in Behandlung. Den Nachttisch und die Wände ihres Zimmers hat sie mit vielen Bildern eines wunderschönen Schäferhundes geschmückt.
Pfarrer mag sie nicht so sehr. Aber wir sind beide Hundenarren. Da gibt es viele Anknüpfungspunkte für das Gespräch. So bleibt das acht Monate lang.
Am Tag vor ihrer Entlassung verabschieden wir uns. Sie sagt: *»Morgen holt mich mein Mann ab.«* Das ist das erste Mal, dass er erwähnt wird.

Ein Philosoph

Er ist Stammgast im Klinikum. Immer wenn die Kälte draußen gerade zu ungemütlich wird, kommt er und lässt sich eine Zehe amputieren. Er erholt sich ein paar Wochen und hofft, dass der Frühling naht. Ich frage ihn, ob er etwas zu rauchen will. *»Ja, das wäre schön. Aber lieber Tabak als Zigaretten. Zigaretten schmecken besser. Aber den Tabak muss man zuerst drehen. Das ist Arbeit. Ich arbeite aber nicht gern. Dann rauche ich weniger.«* – *»Auch eine Tafel Schokolade?« »Ja, aber nicht mehr. Sonst gewöhnt man sich daran, und dann vermisst man sie später.«*

DER SPINNT JA

»Der spinnt ja«, sagt ein Pfleger über einen scheinbar schlafenden Patienten auf dem Weg zum OP. Der fühlt sich tief verletzt. Er sucht nach Möglichkeiten um sich zu rächen.

Er wird gerade von seinem Intimfeind mit Spinat gefüttert. Seine Backen werden immer dicker, und er blinzelt mir verschwörerisch zu.

Brrr; spuckt er dann plötzlich den ganzen Spinat über Kopf und Kittel des Pflegers. Am nächsten Tag wird er ins Bundeswehrkrankenhaus verlegt.

EINE SCHLESISCHE TRAGÖDIE

Es ist schon 23.00 Uhr vorbei, als ich in die Herzchirurgie gerufen werde. Ein Patient, der morgen operiert wird, will mich sprechen. Er möchte beichten und kommunizieren. Wegen der strengen Nüchternheit reiche ich ihm nur eine ganz kleine Partikel.

Das erlauben in solchen Fällen die Ärzte, weil sie um die Bedeutung des inneren Friedens für den Verlauf der Operation wissen.

Der Patient aus der Nähe von Fulda ist schon seit 1950, damals seit 46 Jahren, verheiratet. Aber er konnte nicht kirchlich getraut werden.

Nach dem Sieg in Frankreich verliebt er sich in die hübsche Tochter seines Quartiergebers. Als er nach Russland verlegt wird, entschließt man sich zu heiraten. Er bekommt 14 Tage Heiratsurlaub.

Im Winter 1941/42 erlebt er den ersten Rückzug. Dabei wirbelt ihn die Explosion einer Granate durch die Luft, und er bleibt regungslos liegen. Die Kameraden müssen weiter fliehen. Auf Grund ihrer Aussage wird er für tot erklärt. Einige Monate später heiratet die Witwe neu. Aus dieser Ehe gehen drei Kinder

hervor. Niemand weiß, dass in Russland ein menschenfreundlicher Arzt den ersten Gatten gerettet und mühevoll hoch gepäppelt hat. Wegen Verbrechen, die seiner Einheit angelastet werden, wird er zu 25 Jahren Zwangsarbeit verurteilt und kommt in ein Schweigelager. 1950 darf er nach Hause. Er will zu seiner Frau. Die kennt ihn kaum noch. Vier Wochen stehen gegen acht Jahre und drei Kinder.
Bald tröstet ihn eine liebe junge Frau aus der alten Heimat. Die beiden heiraten, natürlich ohne den Segen der Kirche. Sie bleiben ihr trotzdem treu. Regelmäßig feiern sie die Gottesdienste mit. An der heiligen Kommunion dürfen sie nicht teilnehmen.
Ihre Kinder gehen zur Erstkommunion, werden gefirmt und feiern Brautämter. Jetzt werden schon Enkel getauft. Immer stehen die Eltern beim Wesentlichsten abseits.
Der Mann meint, er freue sich angesichts der schweren Operation. So dürfe er doch einmal beichten und kommunizieren wegen der Todesgefahr. So spende ich ihm die Sakramente. Aber ich weiß, wie ihm geholfen werden kann. Nach gelungener Operation gehen wir zusammen mit seiner Frau den im Kirchenrecht vorgesehenen Weg des »Forum Internum«. Bald können wir seinem Heimatpfarrer mitteilen, dass seine Pfarrkinder nun auch mit der offiziellen Erlaubnis der römischen Behörden die heiligen Sakramente empfangen dürfen.

Liebesseligkeit auf Oberhessisch

Die lebhafte ältere Dame begrüßt mich freundlich. Gleich beginnt sie zu erzählen. Sie kommt wohl aus der Schwalm. Leider kann ich ihre herrliche Mundart nur sehr unvollkommen wiedergeben.

»*Zihe Joar mach aich jitzt do hei. (zehn Jahre Kampf gegen den Krebs) – Verzich Joar sein mir jitzt zisamme. Un mir hawwe ins noch su giern. Mir wolle doch noch e bißje zisammebleiwe. Moin Mann kimmt jiden Dach do hei. Er mißt jo selwer emol zim Dokter. Er hots su mit de Ziesch (mit den Zähnen), Awwer er hot doch meich hei. Do konn er net. Jiden Dach kimmt er su im oans. Immer is er pinktlich. Nor gestern wor er nit do. Eich hab mer schin Sorje gemocht. Es werd em doch nix bassiert soi? – Dann is er komme. Ganz uffgereecht. De Hund wor schuld. Er hot en noch emol enausgelosse, un furt worer. E verdel Stund lang hot er gesucht. Nix. Do hot er gedacht, loss en laafe, un wolld fortfohrn. Do loach er im Audo hinne vor de Ricksitz. Er wollt zu mir mitfohrn. Er hengd doch su on mir.*

Aich wor e schie Madche. Un aich wor aach e bißje oigebild. Aich hob net jeden genomme. Wia aich schon 27 Joar ald wor, hawe se im Dorf ge-

sacht: Dei grieht koan mei. Fir die muss erscht oaner gebacke wirn. On de Kirb wor Danz. Un do is er komme. Aich hob glei gedoacht: ›Des is de Richdische. Der werd gehoirad.‹ Er wor erscht 17 Joar. Awwer bei ihm worsch genausu. Die Leid hawwe gesacht: ›Madsche, loss doi Finger vun dem. Des is e Fremme!‹ Awwer mer hawwe nit vunenanner gelosse. Verzisch Joar lang. Un wann er kimmt, do steht er do on moim Bett. Un wann er maich dann su droi oguckt, Herr Parrer, do werd mersch gonz warm imschs Herz.«

Das war das schönste Plädoyer für die Liebe, das ich je gehört habe.

Ich gehe nicht nach Bad Endbach

»*Nein, ich gehe nicht zur Reha nach Bad Endbach«*, erklärt das fromme und sonst immer ganz schüchterne ältere Frauchen. Dahinter steht ein gewichtiger Grund. *»Vor drei Jahren war ich dort. Die Klinik ist schön. Aber ich wurde auf 800 Kalorien herunter gesetzt.«*

Nun ist sie tatsächlich zart gebaut. Und in den langen Pausen in der Reha hat man viel Zeit unter Dauerhunger zu leiden. *»Es war Au-*

gust«, erzählt sie. *»Meine Zimmer- und Leidensgenossin und ich sind jeden Abend hinunter geschlichen ins Tal zu den Schrebergärten. Abwechselnd hat die eine Schmiere gestanden, die andere ist über den Zaun geklettert und hat eine Tüte grüner Äpfel gepflückt. Die haben zwar nicht den Hunger gestillt, ihn aber wenigstens betäubt.«*
Der Stationsarzt wird in seinem Begleitschreiben die Wiederholung einer solchen unsinnigen Quälerei untersagen.
Dazu gebe ich ihr einen Zettel mit meiner Telefonnummer und schreibe ihr auf, was sie notfalls dem Arzt dort vorlesen soll: *»Wenn Sie mich wieder mit den 800 Kalorien traktieren, werde ich den katholischen Pfarrer in der Gießener Uniklinik anrufen. Der kommt dann sofort her und mischt den ganzen Laden hier kräftig auf. Außerdem wird er dafür sorgen, dass Sie später einmal mindestens 100 Jahre im Fegefeuer schmoren müssen.«* Der Anruf bleibt erfreulicherweise aus.

Vom Segen der Arbeit

Unser Krankenhaus ist keine Sterbeklinik. Man kommt zu uns, um geheilt zu werden. Bei uns in Oberhessen werden in der Regel sterbende Angehörige nicht ins Krankenhaus abgeschoben. Viele Familien pflegen bei uns immer noch einen treuen Familiensinn. Unterstützung geben die verschiedenen Hospizgruppen.

Viele packende Gespräche habe ich mit Schwerstkranken geführt. Oft haben sie noch viele Jahre, manchmal Jahrzehnte gelebt und gekämpft. Weit länger als man ihnen vorhergesagt hatte. Einige sind sogar aus völlig aussichtloser Lage wieder gesund geworden. Fünf Männer fallen mir dazu ein. Alle Familienväter. Einer hatte drei, ein anderer fünf kleine Kinder. Beim letzteren ist gerade Adventszeit. Da geschieht das Entsetzliche. Seine Frau, die ihm trotz der Sorge für die Kinder oft besucht, verunglückt auf dem Weg ins Krankenhaus tödlich. Ein Arzt spricht seinen Bruder an und teilt ihm mit, der Kranke werde noch vor Weihnachten sterben. Die Verwandten sollen sich überlegen, was mit den Kindern geschehen soll. Als der Vater das erfährt, erklärt er spontan: *»Dann will ich bei meinen Kindern sterben«* und fährt heim.

Zusammen bereiten sie Weihnachten vor. Ein Arbeitskollege muss für lange Zeit in die Klinik. Der kranke Vater geht wieder ins Büro, um ihn zu vertreten, solange er noch kann. Dort arbeitet er heute nach fast zwanzig Jahren immer noch.

Ähnlich der Vater von drei Kindern: fünf, sieben und neun. Er kann wegen der Krankheit seinen Beruf nicht mehr ausüben. Da baut er sich eine neue Existenz auf. Noch dreimal kehrt die Krankheit zurück. Jedes Mal wird ihm der Tod vorausgesagt. Immer arbeitet er weiter. Jetzt ist er Rentner, und der Anfang der Geschichte liegt schon mehr als 30 Jahre zurück.

Auch ein alter Bauer, ein Bahnbeamter und ein selbstständiger Handwerker gehen den gleichen Weg.

Arbeit als Krebstherapie? So kann man das nicht sagen. Aber wer mit größtmöglicher innerer Gelassenheit sein normales Leben weiterführt, kann in sehr seltenen Fällen eine neue Chance erhalten. Aber auch der, dem das Glück der Genesung nicht geschenkt wird, kann so am besten die Not der schweren Krankheit meistern und sich auf einen bitteren, aber friedvollen Abschied vorbereiten.

DRILLINGE

Drillinge sind immer etwas Besonderes. Freude und Last zu gleich. Die reizende junge Geschäftsführerin möchte gerne ein Kind. Möglichst rasch, um bald ihren geliebten Beruf wieder ausüben zu können. Es werden drei. Drei Mädchen, eine hübscher als die andere.

Eigentlich sollten die Drillinge einer anderen Mutter schon geboren sein. Aber sie lassen sich Zeit. Mehrlingsgeburten erfolgen gewöhnlich etwas früher. Hier steht die 36. Woche schon vor der Tür. Die Mutter strahlt heitere Gelassenheit aus. Das ändert sich, als es sehr heiß wird. Jede Bewegung fällt jetzt schwer. Aber Humor, Gottvertrauen und die heilige Kommunion helfen über die überaus sichtbaren Bedrängnisse weg. Pünktlich werden die drei geboren und sind von Anfang an genauso gesund und munter wie ihre Mutter. Jedes wiegt fast genau 3000 g. Da hat die tapfere Frau wirklich eine schwere Last getragen.

Ihre Verwandte kommt in der gleichen Lage einige Wochen später. Genauso schön und erwartungsvoll wie ihre Cousine. Aber, wie sie sagt, zurzeit nicht mit der gleichen seelischen Kraft und der gleichen heiteren Frömmigkeit wie ihr Vorbild. Sie ist in der 20. Woche. Ein seelisches Tief muss durchwandert werden. Ich versuche, mit ihr zu gehen. Im Grund ist sie keine trübselige Pessimistin, sondern ein überaus herzlicher, freundlicher und vor allem hilfsbereiter Mensch. Als größte Stütze erweist sich ihr prachtvoller Ehemann. Ein echter Partner.

Wie kann ich ihr helfen? Wieder der gewohnte Weg. Ich komme gerade aus der Chirurgie. Da ist eben ein 19jähriger eingeliefert worden. Motorradunfall. Es besteht wenig Hoffnung. Ich bitte sie, nicht nur über sich und ihre drei Kinder zu grübeln, sondern, so oft sie kann, für diesen jungen Mann und seine Eltern zu beten.

Jetzt kommt Spannung in meine Besuche. Schon, wenn ich die Tür öffne, ruft sie: *»Wie geht es meinem Motorradfahrer?«* Dann beten wir zusammen für ihn und für die Fünf in ihrer kleinen Familie. Von Tag zu Tag kann ich ihr bessere Nachrichten übermitteln. Parallel mit seinen Lebenschancen steigen auch die ihren vor allem auch die ihrer drei Kinder. Am Karsamstag beichtet sie und empfängt die heilige Kommunion. Am Ostersonntag 1996 werden ihre Kinder per Kaiserschnitt zur Welt gebracht. 2200 g zusammen. Man gibt ihnen wenig Hoffnung. – Am Ostermontag taufe ich sie mit Hilfe einer Einwegspritze im

Brutkasten. Es sind die hübschesten Frühchen die ich je gesehen habe. Hellhäutig und ohne Körperhaare. Zierlich wie Püppchen. Heute sind sie hübsche Teenies. Die Buben gehen mit Erfolg in die Realschule, das Mädchen besucht das Gymnasium.

MEIN ASSISTENT

Ein früherer Patient hilft mir gelegentlich beim Sonntagsgottesdienst. Stühle holen, Rollstühle besorgen, Patienten abholen, Lektorendienst. Heute sind ausnahmsweise viele ältere Damen da. Ich stelle ihn vor: *»Das ist mein Mitarbeiter, der Herr Sohn.«* Eisiges Schweigen, böse Gesichter, die mich vorwurfsvoll anstarren. Da dämmert mir, was passiert ist. Ich erkläre rasch:

»Der Herr heißt Sohn. Natürlich ist er nicht mein Sohn. Wir sind auch nicht miteinander verwandt.« Da herrscht wieder eitel Sonnenschein in der gottesdienstlichen Gemeinde.

Eine kleine Kämpferin

Die junge Mutter kommt aus den neuen Bundesländern. Dort hat sie ihren Sohn geboren. Ohne Probleme, obwohl bei ihr und ihrem Mann der Rhesusfaktor nicht übereinstimmt. Gesagt hat man ihnen das damals nicht.

Das zweite Kind ist ein Mädchen. Wenn nicht alle paar Wochen das Blut ausgetauscht wird, muss es sterben. Wieder liegt der HB Wert bei 2,4. Als der Arzt in die Fruchtblase sticht, weicht das Kind zurück. Es versteckt sich vor der Nadel. Es klappt und klappt nicht. Das Kind bewegt sich rascher als die Nadel, und der Arzt beginnt zu schwitzen.

Da sagt die erfahre Hebamme zur jungen Mutter: *»Legen sie doch einmal beide Hände auf ihren Bauch!«* Tatsächlich, dorthin bewegt sich das Kind und fühlt sich geborgen. Ohne weitere Abwehr lässt es sich das Blut abnehmen und mit neuem Lebenssaft versorgen. Die Kleine wird gesund geboren und hat schon längst ihre Ausbildung angefangen.

Die Familie

Zum ersten Mal treffe ich den schweigsamen jungen Mann allein in dem großen Raum der Unfallchirurgie. Er sagt: »*Herr Pfarrer, immer habe ich gedacht, Familie ist der größte Quatsch. Am 18. Geburtstag mache ich damit Schluss und ziehe aus. Jetzt liege ich nach meinem Unfall schon acht Wochen hier. Wie arm wäre ich dran, wenn es keine Familie gäbe. Was für ein Glück das es die Familie gibt.*«

Ein Gespräch

Die Unterhaltung plätschert munter vor sich hin. Der Mann kann wunderbar erzählen, Von seinem Beruf, von seiner Familie, von seinen Hobbies. Aber ich werde langsam unruhig. Viele Menschen warten auf mich. Aber er lässt mich einfach nicht weg. Endlich reiße ich mich los und verabschiede mich. Schnell habe ich die Türklinke in der Hand.

Da meint er: »*Und dann hat man mir gerade vorhin gesagt, dass ich im Laufe der nächsten sechs Wochen sterben werde.*« Jetzt verstehe ich. Ich setze mich wieder an sein Bett. Nun beginnt das eigentliche seelsorgerliche Gespräch.

Zum Glück stirbt er nicht, aber er muss noch viele Jahre lang zur Nachuntersuchung kommen. Das bemerke ich immer. Denn dann feiert er jedes Mal den Sonntagsgottesdienst mit, obwohl er gar nicht katholisch ist.

Ein Wunder

Eine meiner Lieblingspatientinnen liegt, wie schon so oft, in der Med. Poli. Obwohl auch sie evangelisch ist, feiert sie jeden Gottesdienst mit und übernimmt, solange sie kann, die Lesung. Sie ist über 80 und als Zuckerkranke viel zu kräftig. Eine ständige Sorge der Ärzte.

»*Jetzt haben sie mich auf 800 Kalorien herabgesetzt. Trotzdem nehme ich noch zu. Ist das nicht ein Wunder?*«

Dann wird sie zu einer Untersuchung abgeholt. Ihre Mitpatientin lächelt. »*Das Wunder ist leicht zu erklären. Ich kann nur noch ganz bestimmte Süppchen vertragen. Die bereitet mir meine Schwiegertochter zu und bringt sie jeden Tag. Dann schaut meine Mitpatientin wohlgefällig auf mein reichlich bemessenes Menü. Stets fragt sie: ›Essen sie es auch bestimmt nicht?‹- ›Nein.‹ – ›Dann esse ich es halt.‹«* Ein karges Zubrot zu ihren 800 Kalorien.

Sechs Sakramente

Dieser Patient ist etwa 20 Jahre alt. Das Schicksal hat ihn besonders hart getroffen. Die Zuckerkrankheit wurde zu spät erkannt. Er verliert sein Augenlicht, und die Nieren sind schwer geschädigt. Eine Inselzelltransplantation soll ihm Erleichterung schaffen. Er ist noch nicht getauft, aber verheiratet mit einer sehr lieben, geduldigen Frau. Er hatte zwar mal Tauf- und Erstkommunionunterricht, aber durch die vielen Krankenhausaufenthalte ist alles wieder eingeschlafen. Ich kann dort anknüpfen. Durch die lange Vorbereitung haben wir genug Zeit.

Endlich ist es soweit. Heute Nachmittag soll er transplantiert werden. Wir entschließen uns rasch zu handeln. Taufe, Firmung,

Beichtgespräch, heilige Kommunion, Segnung seiner Ehe und Spendung der Krankensalbung. Sechs Sakramente empfängt er an diesem Tag.

Als ich am Abend noch einmal nach ihm schauen will, höre ich, dass die Transplantation aus medizinischen Gründen verschoben werden muss. Er ist bereits in ein Sanatorium in der Nähe seiner Heimat verlegt.

Trauung auf dem Sterbebett

Ein ganzes Nachrichtenpaket hat mir die junge, gutaussehende und resolute Frau bei meinem ersten Besuch übermittelt. Sie ist katholisch, sie will von der Kirche nichts wissen, sie wird bald wieder gesund, sie hat einen lieben Mann, einen Amerikaner, und einen prächtigen Buben von zehn Jahren. Sie hat so viel positive Energie, dass sie ihre Mitpatientinnen aufmuntern und zur Heilung mitreißen kann. Ich darf sie besuchen. Sie kommt sogar mal zur heiligen Messe, wenn ihr der Kopf danach steht.

So bleibt es ein paar Monate. Dann tritt ein Wandel ein. Sie wird ernster und stiller. Jetzt beten wir bei jedem Besuch zusammen. Sie feiert regelmäßig die heilige Messe mit. Eine einfache Liege wird in ihr Zimmer gestellt. Ihr Mann darf von nun an bei ihr übernachten.

Sie weiß, dass es nicht mehr lange dauern wird. Eine psychologische Betreuung lehnt sie ab. Sie sagt zum Chefarzt, dass ihr der Pfarrer genügt, und zu mir: *»Hängen sie jetzt bloß nicht dauernd bei mir herum. Ein kurzer Besuch alle zwei drei Tage genügt.«* Dann wünscht sie eine kirchliche Trauung. Das ist angesichts des Todes ohne große Umstände möglich. Sie zählt, wie viel Personen ins Zimmer passen, und wählt danach die Einzuladenden sorgfältig aus. Die erwachsene Tochter ihres Mannes aus dessen erster Ehe kommt eigens aus Kalifornien. Da ein Segen für zu erwartende Kinder nicht mehr sinnvoll ist, bittet sie um einen besonderen Segen für die beiden Vorhandenen. Festlich geschmückt erwartet sie mich im Kreis ihrer Angehörigen. »Something old, something new, something borrowed and something blue« (Etwas Altes, etwas Neues, etwas Geliehenes und etwas Blaues). Das gehört zu ihrem Brautschmuck.

Nachdem wochenlang keine Nahrung bei ihr geblieben ist, kann sie heute den kleinen Partikel vom Leib des Herrn behalten. Alle sind tief bewegt. In der Nacht werde ich um 3.30 Uhr wach und denke ganz intensiv an »meine« Patientin und bete für sie. Am frühen

Morgen erfahre ich, dass sie genau um diese Zeit gestorben ist.

Fügung und Führung

Um 23.00 Uhr werde ich zu einer Frau Müller im Zimmer 308 gerufen. Noch richtig belämmert vom ersten Schlaf nehme ich den Anruf an. Erst bei der Fahrt in die Klinik fällt mir ein, dass es das Zimmer 308 dort mehrmals gibt. Bestimmt war es die Frauenklinik. – Dort ist keine Frau Müller zu finden.

Also in der alten Chirurgie. Tatsächlich, dort ist eine Frau, eine fromme Sudetenländerin. Aber sie heißt nicht Müller. Sie sagt: *»Seit Stunden bete ich um den Besuch eines Priesters. Ich habe mich nicht getraut, den Schwestern etwas zu sagen. Morgen habe ich eine schwere OP mit ungewissem Ausgang vor mir. Ich hätte so gern noch vorher gebeichtet, kommuniziert und die Krankensalbung empfangen.«* Das geschieht jetzt gleich. Nur die mitgebrachte Hostie muss ich teilen. Die Frau weint vor Glück, und mir fällt ein, dass die Frau Müller natürlich in der Med. Poli. zu suchen ist. Und

da finde ich sie auch. Auch die OP der Sudetenländerin endet glücklich.
Am Abend des ersten Weihnachtsfeiertages kommt ein Anruf aus der gleichen Klinik. Ein Mann, dem ich schon gestern die Krankensalbung gespendet habe, liegt nun im Sterben. Er ist wach und wünscht die Wegzehrung. Ich frage gar nicht, wo er liegt. Denn ich habe ihn ja erst gestern besucht. Aber er ist nicht mehr in diesem Zimmer. Sein Mitpatient, der gerade Besuch von seiner Frau hat, sagt mir, dass der Herr O. vor kurzem weggebracht worden ist. Er ahnt auch warum.
Ehe ich mich auf die Suche mache, erfahre ich, dass auch dieses Ehepaar ein Seelsorgsgespräch wünscht. Ich verspreche, bald zu kommen. Vorher bringe ich dem Sterbenden die heilige Kommunion und bitte ihn, gleich beim Vater, wo er ja in wenigen Minuten sein wird, für seinen seitherigen Mitpatienten fürbittend einzutreten. Das verspricht er. Sehr getröstet nehmen wir Abschied.
Der andere Patient ist nicht ernstlich krank. Er hat leichte Herzbeschwerden und rechnet damit, morgen entlassen zu werden. Er und seine Frau haben schon lange nicht mehr die heiligen Sakramente empfangen. Nun bereiten sie sich gewissenhaft auf diese Weihnachtskommunion mit der dreimal geteilten Hostie vor. Beim Besuch in der kommenden Woche treffe ich ihn erwartungsgemäß nicht mehr an.

Etwa ein Jahr später beerdige ich einen Asylbewerber. Die Trauergemeinde ist winzig. Im Hintergrund steht eine elegante Dame, die offensichtlich nicht zu den Leidtragenden gehört. Nach dem Segen spricht sie mich an: *»Ich bin so froh, dass ich Sie wieder treffe. Sie waren an Weihnachten bei uns in der Med. Poli. Stellen Sie sich vor, mein Mann ist noch in der gleichen Nacht an einem Herzinfarkt gestorben. Die heilige Kommunion verbindet uns in Liebe über das Grab hinaus.«*

Ein Weihnachtsmann

Kurz vor Weihnachten wird ein Patient in die chirurgische Privatstation aufgenommen. Er ist ein bedeutender Mann. Besitzer einer großen und wichtigen Fabrik. Er kommt von weit her. Seine Ärzte haben ihn geschikkt. Hier in Gießen kann ihm sicher geholfen werden. Er erzählt gern und interessant. Selbst so eine unbedeutende Person wie ein Pfarrer ist ihm jetzt eine willkommene Hilfe, um das bange Warten auf die OP zu überbrücken.

Er sagt: *»Ich gelte als eisenharter Manager. Wenn ich durch meinen Betrieb gehe, zittern Tausende. Bei Tarifverhandlungen gehöre ich zu den strengsten Vertretern meines Berufsverbandes. Und nun liege ich ganz armselig hier. Wenn die Meisen vor dem Fenster piepsen, fange ich an zu heulen. Ich bettele um ein gutes Wort, ein bisschen Ermutigung von Ärzten und Schwestern. Wenn ich noch einmal eine Chance bekomme, werde ich vieles anders machen.«*

Am ersten Feiertag besuche ich ihn. Er erzählt: *»Als ich gerade zu Weihnachten in die Klinik muss, weil jeder Tag entscheidend sein kann, ist das ganz schrecklich für mich. Dazu, so weit weg von daheim. Jetzt aber kann ich sagen, seit meiner Kindheit war das gestern der schönste Weihnachtsabend meines Lebens. Zu Hause halten wir immer um 18.00 Uhr die obligatorische Bescherung. Ein paar Brillianten, ein paar Schecks und ein paar Luxusuhren werden ausgetauscht, und dann rennen alle auseinander. Die einen zu einem Festessen, die anderen zu einem Konzert.*

Gestern saßen wir alle gemütlich beieinander. Die ganze Familie ist gekommen. Wir haben ein Vaterunser gebetet und die alten Weihnachtslieder gesungen. Dazu gab es Plätzchen, die meine Frau nach vielen Jahren wieder selbst gebacken hatte. Alle waren angerührt und glücklich. – Da muss man erst einmal so schwer krank werden, um Werte neu zu entdecken, die man längst mit wertlosem Talmi vertauscht hat.«

Er wird gleich nach den Feiertagen erfolgreich operiert und kann am Anfang des neuen Jahres mit einer guten Prognose nach Hause fahren.

Von der Wirkung und vom Nutzen der Klinikseelsorge

Jeder in der Klinikseelsorge stellt sich gewiss immer wieder kritische Fragen: »Hat mein Tun überhaupt eine Wirkung?« – »Kann man damit tatsächlich etwas in Bewegung bringen?«

In der HNO erhalte ich eine überraschende und herzerfrischende Antwort. – Der älteren Patientin begegne ich zum ersten Mal. Sie sagt: *»Ich bin ja evangelisch, aber ich freue mich trotzdem über Ihren Besuch. Ich muss nur jetzt kurz weggehen. Ich bin gleich wieder da.«*

Nach wenigen Minuten kehrt sie strahlend zurück. Sie ruft: *»Ach ich bin ja so froh und so dankbar, dass Sie gekommen sind.«* – Innerlich klopfe ich mir auf die Schulter und denke: *»Toll, du hast doch kaum mit der Frau gespro-*

chen, und hast sie offensichtlich so tief beeindruckt.« Sie fährt fort: *»Wissen Sie, ich bin jetzt acht Tage hier und hatte noch keinen Stuhlgang. Alles Mögliche haben sie mir gegeben. Nichts hat gewirkt. Und nun sind Sie gekommen, und ich konnte auf die Toilette gehen. Ach, was bin ich so froh und dankbar dafür, dass Sie gekommen sind.«*

Erfreut über diesen deutlichen Beweis der Wirkkraft der Klinikseelsorge, eile ich gleich ins Stationszimmer und sage den Schwestern: *»Wenn wieder einmal jemand solche Probleme hat, rufen Sie mich gleich. Vielleicht kann ich wieder so eine treibende Kraft entwickeln.«*

Sie haben sicher bemerkt, dass manches in diesem Büchlein trotz allen Ernstes mit einem leichten Augenzwinkern geschrieben wurde. Gott allein ist die Quelle echter Fröhlichkeit auch und gerade angesichts des vielfältigen, aber doch vergänglichen Dunkels in unserer Welt.